聴覚障害　　　2017年度　　冬号　　通巻772号

目　次

特集　全日本聾教育研究大会（秋田大会）

- ■学校紹介　島根県立浜田ろう学校 ……………………………………… 福 本 章 弘…2
- ■グラビア　聾学校作品展　秋田県立聴覚支援学校
- ■巻頭言　創立90周年を迎えるにあたり ……………………………… 川 居 正 人…6
- ■聴覚障害教育の専門性を語る　◆第22回◆
  西里俊文先生に「障害の有無にかかわらず書を楽しむ活動」について聞く
  ……………………………………………………………………… 伊 藤 僚 幸…8
- ■教育実践に役立つ専門性の基礎・基本⑯
  小学部の指導―教科指導を支える力を育てるために⑫― …………… 江 口 朋 子…16

特集　全日本聾教育研究大会

- ◇幼児が感覚運動機能を高めるための取組〜鍛ほめ福岡メソッドに沿った運動遊びを通して〜
  ……………………………………………………………………… 岩 佐 洋 一…20
- ◇寄宿舎で実践できるコミュニケーション支援に関する一考察
  ―アップル・トーク・タイム活動を中心に― …………………… 山 口 　 祥…26
- ◇小学部児童の保健室利用時における養護教諭との対話により体の状態を
  自分で伝えられるようになるための実践 ……………………… 淋 代 香 織…32
- ◇子どもの思考力・判断力・表現力を育てる授業づくり〜国語科の指導を中心に〜
  ……………………………………………………………………… 中 村 浩 子…38
- ◇ビジネスマナーの基礎知識と見方・考え方を育む教育
  〜シリアスゲーム教材「マナー・クエスト」の開発〜 ……… 内 野 智 仁…44

投　稿
聴覚障害者向け就労移行支援事業実施までの10年 ……………………… 矢 野 耕 二…50
難聴児の自己認識の多面性
　―児童期の難聴児へのインタビュー調査を通して― ………………… 塩 沢 光 江…56

- シリーズ　ろう教育人物伝⑦　福田 与志 ……………………………… 坂 井 美惠子…62
- 連　載　「教えて！佐和先生」第8回　幼児期に関わる相談④ ……… 齋 藤 佐 和…64
- シリーズ　難聴特別支援学級・難聴通級指導教室⑫
  神戸市立神戸祇園小学校　難聴学級 ……………………………… 加 藤 剛 志…66
- ○今，大学で　横浜国立大学 ……………………………………………… 福 榮 太 郎…68
- ○教育実践経験に学ぶ ……………………………………………………… 武 林 靖 浩…72
- ○編集後記

― 筑波大学附属聴覚特別支援学校　「聴覚障害」編集委員会 ―

学校紹介

島根県立浜田ろう学校

島根県立浜田ろう学校
校長　**福本　章弘**
（ふくもと　あきひろ）

1　はじめに

　本校の今年度在籍数は幼児2人，児童6人，生徒3人の合計11人で，全国で最も小さなろう学校です。子どもたちの数は少ないですが，昼休みになると，幼児から高校生まで，そこに教職員も加わって一緒に遊んだり，図書館で読み聞かせをしたりと，アットホームな雰囲気が自慢の学校です。春と秋の交流フェスティバルには，地域の皆さん，大学生，卒業生の皆さんに沢山参加いただき，とても賑やかな学校になります。

を入れ，近年は食育と連動した歯と口の健康づくりに継続的に取り組んでいます。

2　沿革

　本校は昭和28年に開校し，今年度で創立64年目を迎えました。「明るく，なかよく，たくましく」の校訓のもと，一貫して，県西部の聴覚障がい教育を担ってきました。児童生徒数は昭和30年代には100名をこえていたこともありました。
　高等部には美術工芸科と被服科の二学科があります。乳幼児教育相談のための親子教室，通教指導教室も設置されるようになり，平成19年度からは県西部の視覚障がい教育のセンター的役割も担うようになりました。
　中・高部では卓球部の指導に力を入れ，全国聾学校卓球大会に何度も出場しています。昨年度は本校が全国大会を主管させていただき，スポーツを通じた交流の意義を再認識することができました。健康教育・食育にも力

3　大切にしていること

○障がいの状態や発達段階に応じた的確な指導と支援

　幼稚部では，共感・通じ合うことを大切にし，豊かにやりとりできる力を育みます。
　小学部では，日本語の習得に視点を置いた教科指導を通じて，語彙の拡充，思考する力，人とやりとりする力を育てます。
　中・高部では，教科学習における基礎学力の保障だけでなく，障がい理解を含めた自己理解の学習にも取り組み，社会で自立する力を育てます。
　通級指導教室では，巡回指導を通じて自立に向けての支援を行っています。乳幼児教育相談では，保護者の思いに寄り添った支援を大切にしています。センター的機能としての教育相談では，児童生徒，保護者支援に加え，

保育所・幼稚園，小・中・高の先生方へのコンサルテーションを実施しています。

○専門性の継承

ろう教育免許取得者数が充分でないこと，人事異動の回転が速いことから，専門性の継承が本校にとって大きな課題です。

手話については，聴覚障がいのある教員による手話学習会，職員朝礼でのワンポイント手話等を取り入れ，子どもたちへの学習指導・コミュニケーションに活かしています。

長期休業期間中には4日間にわたり校内研修会を実施，日本語文法指導等を本校の教員が講師として伝達し，共通理解や指導の底上げを図っています。

昨年度，本校では聴能検査室と機器が一新されました。担任だけでなく誰もが検査することができるよう研修を積み重ねています。

また，大学の教官等を招聘した研修会も年に何度か開催し，そこから学んだことを教員間で分かち合うように努めています。初めて聴覚障がい教育に携わった教員がその奥深さとやりがいを感じ取り，先輩教員に学びながら日々指導力を高めている様子を見るとたのもしくさえ感じます。視覚支援のための教材，授業改善のための工夫等を学校にストックしていこうという雰囲気が生まれたのも嬉しい限りです。

○協働・連携

本校は職員室が一つで，仕事の分かち合いや情報交換がしやすい環境にあります。子どもたちの状況を共有し，学部をこえて寄り添い，言葉かけができるという強みもあります。

県内にあるもう一つのろう学校・松江ろう学校との児童生徒間の交流学習，教員間の相互研修，隣接している養護学校との連携も本校にとって大きな力となっています。

地域の力も宝物です。公民館や手話サークルの方々，職場体験を快く引き受けていただいている事業所の皆さん等，多くの支援者に恵まれています。

小さな学校ですが，大きなネットワークがあれば，子どもたちは様々な方に包まれていることを感じ取り，その包まれ感が自尊感情を育む基盤になるものと考えています。

秋季交流フェスティバルの様子

4 おわりに

本校は郊外の丘の上に位置し，校庭の一角にある四阿（あずまや）からは，夕日の沈む日本海が一望できます。四阿には本校のシンボルツリーであるすずかけの木（プラタナス）が寄り添っています。すずかけの木という名は，鈴のような果実が複数かかっていることに由来するそうです。私たちは，すずかけの木のように，教職員一人一人が，また子どもたち一人一人が沢山の鈴をならせ，共鳴し合う学び舎を創造していきたいと考えています。昨年度から取り組んできた研究テーマは「コミュニケーション力を高めよう」。学年をこえた合同の自立活動等を通じて，子ども同士で伝え合う力を高めようと実践を積み重ねています。

今後とも，一人一人が根をしっかりと張ったすずかけの木となるよう，教職員一丸となって「自立した人間の育成」に努めていきます。

聾学校作品展

秋田県立聴覚支援学校

「The favorite things」(2017)
内山健太（中学部3年）
第15回　秋田県特別支援学校文化祭
わくわく美術展　最優秀賞（全国展推薦）
第24回　全国特別支援学校文化祭
造形・美術部門　最優秀賞（りそなグループ賞）

「ゆび人間」(2017)
長門里紗，松本拓己，内山健太，鈴木里桜
（中学部1～3年）
第15回　秋田県特別支援学校文化祭
わくわく美術展　佳作

「夜にとぶモモンガ」(2017)
中島琴音（小学部3年）
第15回　秋田県特別支援学校文化祭
わくわく美術展　入選

「Black Bear & White Cat」(2017)
秦結來，畠山陽稀，藤原心華，門脇紗南，小玉彪雅
（中学部1～3年）
第15回　秋田県特別支援学校文化祭
わくわく美術展　美術部会長賞

「バルバルさん」(2017)
高橋卓哉（幼稚部4歳児）

「ネット界の裏側」（2017）
小川優士（高等部1年）
第50回　秋田県高等学校総合美術展
美術工芸部門　推奨

「JUMP」（2017）
小玉未来（高等部2年）
第50回　秋田県高等学校総合美術展
美術工芸部門　推奨

「タートル・イン・ワンダーランド」（2017）
佐々木廉（専攻科2年）
第15回　秋田県特別支援学校文化祭
みんなの写真展　最優秀賞

「天と地」（2017）
鈴木亜未（高等部3年）
第50回　秋田県高等学校総合美術展
写真部門　推奨

作品募集

本誌に掲載いただける，聾学校に在籍する幼児児童生徒の展覧会入選・入賞作品等を募集しております。写真データにて，下記のメールアドレスまでお送りください。

ad-post@deaf-s.tsukuba.ac.jp

「聴覚障害」編集委員会

「華笑み」（2017）
小川優士，齋藤邑哉，深澤紘，工藤拓史
第9回　秋田工芸展　秋田県知事賞

巻頭言

創立90周年を迎えるにあたり

滋賀県立聾話学校

校長　川居　正人
（かわい　まさと）

　滋賀県立聾話学校は，日本における口話法の創始者の1人である西川吉之助（初代校長）先生により，昭和3年に創設された県内で唯一の聴覚障害児のための学校で，今年度で89年目を迎えます。近江の豪商であった西川吉之助先生は，三女はま子が，3歳のときに聾と診断されたのがきっかけとなり，聾教育の研究を始められました。

西川吉之助先生と三女はま子

　聾話学校開校記念式典の挨拶の中で，西川吉之助先生は「聾啞教育はただ話せるだけではなく，働いて一人前に自活していける人をつくりたい。この教育の家庭的教授の必要から寄宿舎の完備を望んでいる。私としては恵まれぬ子ども達のために身命を賭して働くより他何もない。」と決心を述べられています。

　現在，本校は，幼稚部，小学部，中学部，高等部（普通科，産業技術科，情報印刷科）が設置されており，この10年間の在籍数は，

創立当時の校舎（昭和3年　在籍16名、舎生16名）

平成22年度の93名をピークに年々減少し，今年度は54名になりました。

　人工内耳については，平成9年度に初めて人工内耳装用児を迎え，その後，徐々に増加し，平成20年度で28％，今年度は54％の装用率になっています。

　来年度90周年を迎えるにあたり，本校の歴史について「早期教育相談」と「インテグレート」の2点にポイントを絞って振り返ってみました。

H29年度	幼稚部	小学部	中学部	高等部	計
在籍数	4名	24名	10名	16名	54名
人工内耳装用者	3名	12名	5名	9名	29名
寄宿舎生	0名	3名	0名	5名	8名

1　早期教育相談の歴史

　本校では，昭和45年に早期教育専任の職員を1名配置し，3歳児以下の幼稚部入学前の乳幼児を対象にスタートしました。

　30年前の創立60周年記念誌の「早期教育」

の欄には，「聴覚障害乳幼児にとって，障害を克服・軽減していくためには，次の3点は欠かすことのできないものである。『第1は，乳児期に早期発見・早期治療を受けること。第2は，0～2歳児のときに早期療育・早期教育を受け，両親も早期教育を受けること。第3は，3歳以前，0歳代の発見と同時にその後一環した言語獲得や人格形成上望ましい保育・教育を受けること。』」と記述されており，また，「すべての聴覚障害児が0歳代で発見されることが待たれている」という願いが述べられていました。

現在，この願いはほぼ実現しており，県内の新生児聴覚スクリーニング実施率は高く，0歳代で聴覚障害が発見されるケースが増えてきました。また，本校と医療機関との連携も定着してきており，難聴と診断された場合には，速やかに本校での教育相談が始まります。近年では，早期教育相談の対象児も増え，毎年30名前後になっています。

2 インテグレートの歴史

本校におけるインテグレートの取組は，昭和47年頃から本格的に進められるようになってきました。当時から幼稚部修了段階で地域の小学校に進級するケースが多くありましたが，小学部3，4年生で転出する場合や，中学部卒業後，高校入試を受けて地域の高校へ進学するケースもあったようです。

インテグレートにあたっては，校内就学指導委員会が設置され，子どもと保護者の意思を尊重しながら「①子どもの障害と発達状況，②家庭の教育力，③受け入れ側の学校の体制，④地域の状況」などを総合的に検討し，その子どもに最もふさわしい教育の場を選択し，

指導を行っていました。

当時に比べ，補聴機器や医療技術は格段に進歩し，また，平成26年に「障害者の権利に関する条約」が批准され，学校教育では共生社会の形成に向けたインクルーシブ教育システム構築を推進していくことになりました。その流れの中で，早期教育相談後，本校の幼稚部に入学せずに，地域の保育園や幼稚園を選び，そのまま地域の小学校の難聴学級等に入学するケースが増えてきました。

県内の難聴学級については，要望すれば高い割合で設置されるようになり，小・中学校合わせて，平成19年度24学級（25名）であったのが，今年度は39学級（46名）と増加しています。

3 おわりに

聴覚障害児の学びの場が，難聴学級や通常学級等へと広がっていく中で，本校の聴覚障害児教育のセンター的機能へのニーズは年々大きくなってきています。

今後，本校は，中規模校から小規模校へとなっていきますが，県内唯一の聴覚障害児教育の専門機関として，今まで培われてきた言語指導や教科指導の取組をベースに，一人一人の教員が教育実践を通して指導力の向上を図り，子ども達や保護者，地域から信頼される学校づくりに取り組んでいかなければならないと思っています。

INTERVIEW
聴覚障害教育の専門性を語る ◆第22回◆

西里俊文先生に
「障害の有無にかかわらず書を楽しむ活動」
について聞く

聞き手
筑波大学附属聴覚特別支援学校
副校長　　伊藤　僚幸
（いとう　ともゆき）

西里　俊文（にしざと　としふみ）

北海道生まれ
1994年　弘前大学大学院理学研究科応用数学修了
青森県教員に採用される。養護学校勤務を経て1999年から青森県立八戸聾学校に7年間勤務，その後異動を経て，2014年に再び青森県立八戸聾学校に転勤
1999年に「ボランティア書道教室　俊文書道会」設立
2001年から書の発表会を開催する。
表彰は第40回博報賞特別支援教育部門，読売教育賞地域社会教育活動部門最優秀賞等多数。
全日本聾教育研究大会での実践発表も行っている。

「俊文書道会」設立の経緯とねらいについて

伊藤　西里先生は青森県の八戸聾学校に勤務される傍らボランティアで「俊文書道会（書道教室）」を主宰されています。この書道教室の活動の様子はこちらにも伝わっていますが，この度は東京で展覧会を開催するということでお邪魔しました。まずは展覧会の開催おめでとうございます。

西里　ありがとうございます。

伊藤　早速ですが，「俊文書道会」について伺います。どのような書道会ですか。

西里　「俊文書道会」は，平成11年，障害の有無にかかわらず書を楽しむことを目的にスタートした八戸市にあるボランティアの書道会です。

伊藤　設立の経緯についてですが，何かきっかけになったことがあるのでしょうか。

西里　私は平成6年に青森県の教員として採用となり，肢体不自由の養護学校に赴任しました。もともと大学では数学を専攻していたのですが，趣味で書道を続けていたこともあり，子ども達にも書道の指導をしました。少しずつ書の魅力にひかれていく子ども達が増

えていき，5年間の在職中に書道展で入賞する子どもも出るようになりました。しかし，平成11年に聾学校に転勤してからはそうした指導ができなくなり私自身も残念に思っていたのですが，前任校で教えていた子どもたちから「書を続けたい」と言われ，その想いに少しでも応えたいと，自宅を開放してボランティアでの活動をはじめました。それがきっかけです。

伊藤　活動は休日に行うのでしょうか。

西里　平成11年から始めていますが，主に土曜日に活動を行っています。

伊藤　現在は何人の会員さんがいらっしゃるのですか。

西里　はじめは5名からのスタートで，全員が前任校の肢体不自由の養護学校に通う子どもたちでした。その後少しずつ増えていき，現在は，知的障害，肢体不自由，聴覚障害などの方を含め34名の会員がいます。

　内訳は，知的障害特別支援学校，肢体不自由特別支援学校，聴覚特別支援学校，特別支援学級，通常学級に在籍するお子さんです。もちろんそうした学校の卒業生や，一般の大学生，健常の大人の方もいらっしゃいます。

伊藤　自宅を開放するにしてもたくさん集まるとなると大変ですね。

西里　主に2階を制作のスペースにしていますが，車いすのお子さんで2階への移動が困難な場合には，1階で行っています。

伊藤　活動時間はどのように設定しているのですか。

西里　9時から12時が午前の部で，2時から5時が午後の部です。それを1時間ずつに区切って設定しています。1か月前に希望日時を聞いて，各時間帯の人数を調整しています。指導者が私一人なのですべての会員に対応するために予約制のような方法で行っています。

伊藤　畳の何倍もあるような作品がたくさんあります。こうした大きな作品は1時間で書けるものなのでしょうか。

西里　1時間で4～5枚は書きます。何カ月も同じ作品ばかりを書くのではなく，活動に来た時に相談しながら，書く題材を変えていきます。最終的にその中から選別して，良い作品を展覧会に出します。

伊藤　展覧会での入賞が大きな目標になっているということでしょうか。

西里　もちろんそれも大切に考えていますが，目的はそれだけではありません。会を設立して以来，大切にしてきた目標が三つあります。

　一つ目は，「書を通じて自分を表現すること」。二つ目は，「書道作品を広く発表し，自信を深めること」。三つ目は，「書の活動を通じて仲間を広げること」です。

伊藤　まずは純粋に書と向かい合うということですね。しかしながら，指導の際には様々な工夫とか配慮が必要になると思いますが，その点についてはいかがですか。

西里　一つ目の書を通じて自分を表現するためには，自分の気持ちを表す題材選びが重要です。会員一人一人が「日ごろから心に抱いていることとは何か，あるいは，どんなことに興味をもっているか」などの情報を収集し，それぞれの会員と話し合いをしながら題材を決めていきます。さらに，題材選びの段階で

は,「会員が書きやすい文字が入っているものを選ぶこと」「配字や余白に注意すること」「一種類にこだわらず,数種類の題材を書き,一番書きやすいものを選ぶこと」の3つを配慮しながら行っています。

伊藤 なるほど。気持ちを表す言葉ですね。しかも作品としてまとめるために,書こうとする文字についても吟味を重ねていらっしゃいます。指導する側には,こうした周到な準備が必要になるのですね。納得しました。

では,二つ目の目標の達成のための具体的な方策についてもお話しいただけますか。こうした展覧会は1年に何回くらい開催しているのでしょうか。

西里 本会では毎年9月に,八戸市内のショッピングセンターで「書の発表会」を開催しています。大勢の市民の方々から,感想をいただいたり応援してもらったりすることにより,会員の自信とやる気が生まれ,その力が次の創作意欲にもつながっています。また,公募展にも挑戦し,賞を目指すことで自分も活躍したいという夢が芽生え,そこに向かって努力し作品が向上するようになりました。

肢体不自由児・者の美術展では,特賞受賞6回,優秀賞4回,佳作賞9回,努力賞6回,ビッグアイアートプロジェクトでは,最高賞を2年連続で受賞できました。また,東北障がい者芸術公募展でも入選をすることができました。特別賞を受賞すると,東京や大阪,仙台で開かれる表彰式に参加することができ,晴れやかな舞台で全国からの受賞者とともに,祝福される喜びは大きな励みとなっています。

今年はこの東京展をして,それが終わると9月の末に八戸のショッピングセンターで書の発表会を行います。八戸の開催は恒例で,17回目です。去年から津軽地方の藤崎町にある「あすか」という公営のギャラリーで展覧会をすることになりました。ですから今年は年に3回です。

伊藤 出品のための費用はどのようにされているのでしょうか。

西里 書の発表会に関わる総経費を出品者で均等割りして対応しています。例えば,30人であれば総経費を30で割るというようにしています。そのために書の発表会積み立てを希望する会員にはしてもらっています。

伊藤 三つ目の目標についてはいかがでしょうか。

西里 毎回の活動において,会員同士が気軽に会話をして,普段の生活の中で楽しかったことや,受賞の喜びなどを聞いています。書の活動を通じて様々な情報をやりとりして,お互いが切磋琢磨していく様子が見られています。一人で作品を書くよりも,仲間がいることでそれを励みとし,また他の仲間の良い面を認め,自分も活躍した会員のように書いてみたいなどの具体的な目標を持つようになってきています。こうした心と心のやりとりが障害の有無にかかわらず行われるわけです。そして,最近ではこうした環境をつくることが一番大切なことなのかもしれないと考えるようになりました。

伊藤 インクルーシブ教育の一つのあり方ですね。それを何年も前から書道教室において具現化しているわけですから,その行動力には驚かされます。

ところで,先ほど障害があるお子さんを指導している際の配慮についてお伺いしましたが,そのあたりをもう少し詳しくお話しいただけないでしょうか。

指導の際の配慮について

西里 いろいろな障害や特性があります。例えば音の刺激が苦手なお子さんもいますので,

その場合はできるだけ静かな環境で，はじめは1対1での指導を行います。慣れてきたら，次のステップに移行するように，二人組のペアにすることも考えます。それぞれの性格や特性を考えて，このグループであれば一緒になってうまくできるかな等を考えています。

それから，麻痺のある子であれば，筆圧の加減が難しいので紙がどうしても破れてしまうことがありますから，その場合には漢字でも一画一画で交差の少ないものにします。交わる部分が多くあると，その部分に集中してしまい筋緊張が強くなることもあります。そこで，負担が少ない程度の文字を選ぶようにしています。このように文字の選択を考えますが，大切なのは，本人が書きたい文字，そしてわかる文字を書くということかと思います。生活の中で出てきた漢字とかそういうものをうまく扱いながら進めます。とにかく楽しんで書くということですね。嫌いなものは長続きしませんから。

伊藤 制作には体の移動というものが伴うと思うのですが，肢体不自由のあるお子さんとか，そうした場合にはどのような工夫をしているのでしょうか。筆にも大きい物，重たい物もあると思います。

西里 あるお子さんのお父さんに「すのこ」にキャスターをつけたものを作ってもらいました。その下に紙を敷きます。会員が「すのこ」の上に乗り，一文字書き終えたら私が紙を上に引っ張るという方法を行いました。その子は動かなくても紙が動き，次に字を書くスペースが現れるというような仕組みですね。また，車いすに座ったままで書く場合は，テーブルの下に紙をもぐらせておいて，一文字書き終えたら紙を上に引っ張るようにすると，細長い作品は書くことができます。

伊藤 発想の転換ですね。

西里 肢体不自由と知的障害を併せ有する会員の方で，視点が動いてしまう方がおられました。入会当初は，書いているうちにどこを書いているのかがわからなくなってしまっていたのです。そのため，印をつけておくとか，書き順がわからない場合はめくり式の手本で次に書く部分を見せるとか，さまざまな工夫を試しながら進めました。めくり式の手本では，黒と赤を使い，黒は書いたところ，赤が次に書くところというふうに見せ，赤のところを書くんだよと指示します。それから，漢字でもわかりやすいものに分割するようにしています。「楽」という漢字であれば，カタカナのノに日曜日の日，そして点々を書いて次に木を書くというようにして教えます。パーツで認識させるという方法ですね。

活動の中でのエピソード

伊藤 一人一人の子どもたちの様子を見ながらきめ細かな対応を考えていらっしゃるんですね。

さて，次に，日々の指導のなかで見つけた心温まるエピソードとか，そういうものはありますか。

西里 聴覚特別支援学校に通う小学部2年生の女の子のことです。ある活動日に，通常の学校に通う小学6年生の男の子と一緒になりました。せっかく同じ時間になったので，女

の子に，まず，相手の名前を手話と指文字で教えてみたらと言いました。すると男の子は真剣に手話と指文字に取り組みました。それができるようになったところで今度は名前の前に「かっこいい」をつけるように私の方で女の子に導きました。会話するたびに「かっこいい○○くん」と話すので，その度に教室には笑い声があふれました。その後，久しぶりに同じ時間帯になったときに，何度か「この人は誰だったかな？」と聞くと，必ず「かっこいい○○くん」と答えます。そう言われる男の子もまんざらではなく，そうか僕はかっこいいのかと，笑いがあふれ，活動時の雰囲気が楽しく明るくなりました。

伊藤 今の西里先生の話を聞いて，ダウン症の書家である金澤翔子さんのお母さんの講演を思い出しました。障害がある子どもはどうしても一人になる時間がある。それを有意義に使ってほしいと考え，自分がやっている書道をやらせたそうです。そして，もう一つは人に喜ばれることをしてほしいんだと語っていました。翔子さんの場合は習字を習いに来た人に食事をごちそうするのだそうです。それをみんなが喜んで，それが嬉しくて，さらにまた腕を上げるという循環になっているということでした。

西里 先程の話には後日談もあります。クリスマスの時に，男の子が自分が読んだ本を女の子にプレゼントしました。それを嬉しく思った女の子はお礼にクリスマスカードを書いたそうですが，そこにはやはり「かっこいい○○くんへ」と書かれてあったとのことでした。また，年賀状もお互いに出し合いましたが，その宛名にも「八戸市... かっこいい○○くん」と書かれて届きました。子ども同士のやりとりの中で，コミュニケーションが育っていくことも大切だと思っています。

伊藤 ちょっとした仕掛けをすることで子ども同士のやりとりにつながるという例ですね。他には何かありますか。

西里 この展覧会にも出品していますが，「生きる」と書いた男の子です。ダウン症のお子さんです。シャイでお茶目ですが，入会当初は，必ずと言っていいくらいいたずらをしていました。皿に墨を入れると，ぐるぐると筆を回して白い皿を墨で真っ黒に塗りつぶすとか。そうかと思うと溢れんばかりの墨を筆に含ませ，ぽたぽたと画仙紙に垂らしていきます。文字を書くというよりは，墨で遊んでいるという感じですね。

伊藤 西里先生には失礼かも知れませんが，そのお子さんの気持ちもわかりますね。楽しくて仕様が無いという感じです。

西里 本当にそうでした。にやりと笑ったかと思えば，筆を握り，思いきり線を引き，画仙紙から大きくはみ出して毛氈の上にまで字を書きます。毛氈を汚すと足でごしごしと靴下のままでふき取るのです。靴下が真っ黒になり，注意を受けるという感じでした。少し落ち着きをみせて作品に取り組むようになったある時，一人で１階にある洗い場で筆を洗うことを任せました。しばらくしてにこにこしながら帰ってきました。手がまだ黒かったので，手を洗いに今度は私と一緒に洗い場に行きました。すると，洗い場に続く階段の壁

いっぱいに，勢いのよいぐるぐる巻きの黒の曲線が書かれていまして，驚きました。「これ書いたの？」と聞くと「書いた」というので，拭き取り掃除が始まりました。掃除をしながら，「面白かったんだよね。でも，今度は壁ではなくて紙に書くんだよ」と指導しました。

伊藤　書を続ける過程で変化のようなものは生まれましたか。

西里　はじめはいたずら好きで困ることが多かったのですが，活動を10年以上続けてきた現在では，そうしたいたずらもほとんど見られなくなりました。家から大好きなおかあさんといっしょの音楽CDを持ってきて，自分が書きたい歌詞を指さしで教えてくれます。そして全紙の大きさ（たて70cmよこ137cm）の画仙紙に一人でバランス良く書くことができるようになっています。

　平成26年には制作した「生きる」の作品が「ビッグアイアートプロジェクト」で最高賞に輝き，大阪で行われた表彰式に招待されました。大きな舞台で大勢の方の前で表彰され，記念撮影の時に思わずピースサインを出して喜びを表現していましたが，始めた頃からは見違えるほど成長した姿がありました。

伊藤　失敗を失敗と言わないところがいいですね。長い時間をかけて変化を待つというスタンスでしょうか。

西里　私自身が子どもたちと関われる時間を楽しみにしているということなんだと思います。彼は時代劇も好きで，おもちゃの刀を持って立ち回りをする。その姿があまりにも見事なので，じゃあ「きる」って書いてみたらどうかということになったのですが，腰に差したままで書いたものだから刀が邪魔になっていたんですね。書いていくうちにだんだん勢いがなくなっていきました。そういう笑い話

もあります。また，他の会員の方で，気持ちが落ち着かないときがありました。このような状態のときはどんな題材を書けばいいのか悩みました。そんな時は，いつも肯定的なプラスの発想でと心掛け，安心の意味を込めて「いつも通り」という題材にしました。すると，「いつも通り」と声に出して，落ち着いて書くことができたということもありました。

伊藤　遊び心の延長に創作活動があるという話ですね。

西里　基本的に面白くなくてどうするんだという思いがあります。何が何でも面白くしようと。

伊藤　それは普段の指導の教材研究にもつながる話ですね。授業作りと共通する部分があるのかもしれません。

西里　「これはやってはいけません。」という言葉もつい出そうになることもあるのですが，それを言うのは簡単です。でも，前向きな，肯定的で具体的な言葉かけをするように心掛けています。しかし，社会の中で生きていくために必要なルールはきちんと身に付けさせたいとの思いはありますね。

今後の展望

伊藤　最後になりますが，今後の書道会の展望についてお聞きしたいと思います。

西里　今回の展覧会で17回目ですが，この20

回目の展覧会が，2020年東京オリンピック・パラリンピックの年と重なるのです。競技での参加は難しいまでも，芸術の分野でこれに関わることができないかとそんな夢を持っています。書を通じて芸術分野から何か発信して関わることができたら，子どもたちにとってはものすごい自信や夢につながるのではないかと思っています。子どもたちが様々な方と出逢い，良き刺激を受け，自分自身の可能性を広げ，アートな作品を発表できるよう，微力ながら活動を楽しんでいきたいと思っています。八戸という地方都市にはいますが，そういうことを原動力にしながら何とか頑張っていきたいですね。

伊藤 今回の展覧会チラシにも「障害の有無に関係なく書を楽しむ　八戸からの発信」とありました。

　今後のますますのご活躍と書道会の発展を期待しております。今日はいい作品も見せていただき，われわれも元気をいただきました。本当にありがとうございました。

（本インタビューは，平成29年7月15日に実施されました。）

取材を終えて
西里先生は，聾学校の教師として，書家として，そして子どもたちを見守り続ける大人として，青森県八戸市を舞台に三面六臂の活躍をされています。「障害の有無にかかわりなく書を楽しむ」を合言葉にした俊文書道会の活動は，地域ぐるみのインクルーシブ教育の一つの形として，私たちにたくさんの示唆を与えてくれているように思います。東京オリンピック・パラリンピックに合わせた活動についての夢も語っていただきましたが，これからの展開がますます楽しみです。
（伊藤僚幸，橋本時浩，石井清一）

俊文書道会での制作の様子（青森県八戸市）

標準純音聴力検査、高出力受話器による検査、音場聴力検査はもちろん、幼児聴検にも対応。

オージオメータ AA-76

医療機器認証番号　20900BZZ00546000

- ■高出力気導受話器の採用により最大130dBまでの測定が可能
- ■内蔵スピーカアンプにより音場聴力検査が可能（スピーカ別売）
- ■音場聴力検査では、ウォーブルトーンとバンドノイズの選択が可能
- ■幼児聴検コントローラによりビデオモニター（別売）のコントロールが可能

AA-76と組み合わせることで、幼少児が楽しく遊びながら聴力検査を行えます。

COR／ピープショーボックス PB-61

- ■COR聴力検査用スピーカを2チャンネル内蔵
- ■COR光刺激により玩具ボックス内部が見えます
- ■COR玩具ボックスには、玩具用電源を備え、電動玩具使用が可能
- ■遊戯聴力検査ではパッド式応答ボタンに連動し、のぞき窓のジオラマを照明

■リオン幼児聴力検査用オプション（受注生産）

プレイボックス PB-10
大きさ　約700(幅)×700(奥行)×600(高さ)mm
重さ　約35kg

スピーカボックス PB-20B
大きさ　約350(幅)×350(奥行)×350(高さ)mm
重さ　約10kg

玩具ボックス PB-30
大きさ　約350(幅)×350(奥行)×350(高さ)mm
重さ　約5kg

台 PB-40
大きさ　約350(幅)×350(奥行)×600(高さ)mm
重さ　約5kg

ピープショーボックス PB-60
大きさ　約380(幅)×350(奥行)×350(高さ)mm
重さ　約5kg

【システム設置例】

※オプションと組み合わせてシステムとする場合は、別途制御装置が必要となりますので、詳細につきましては当社営業部へご相談ください。

リオン株式会社

〒185-8533　東京都国分寺市東元町3-20-41
TEL.042-359-7880　FAX.042-359-7441

東京営業所	TEL.03-3818-4133
仙台営業所	TEL.022-249-5533
西日本営業所	TEL.06-6363-4133
関東リオン(株)	TEL.048-824-1205
東海リオン(株)	TEL.052-954-1733
九州リオン(株)	TEL.092-281-5361

http://www.rion.co.jp/

教育実践に役立つ専門性の基礎・基本⑯

小学部の指導－教科指導を支える力を育てるために⑫－
平成二十九年度関東地区聾教育研究会
聾教育実践研修会指定授業から

筑波大学附属聴覚特別支援学校
元小学部主事　**江口　朋子**
（えぐち　ともこ）

　今回は平成二十九年度関東地区聾教育研究会聾教育実践研修会での指定授業の中から小学部6年生の国語の授業を振り返る。

1　単元について

　イースター島の森林消失の原因とそれに対する筆者の主張が述べられている説明文である。内容の理解のためには，言語力のみならず幅広い知識，思考が要求される。実態から，理解の困難な児童もいることが予想されるため，授業者は以下の配慮を考えた。

・発問で事実の理解を確認しながら読み進め，順序立てた思考を助ける。
・地図や写真などの資料を用いて知識，経験と結びつけながら内容の理解を図る。

2　本時について

(1)　本時のねらい

　丸木船を作るために森林を切り開いたことを正しく読み取る。

(2)　発問計画

①丸木船を作っていたのはいつのころか。
②どんな木が切り出されたか。
③どのくらいの太さの木が切り出されたか。
④丸木船を作るのに十分な太さの木とはどのくらいの太さか。
⑤イースター島には，丸木船を作るのに十分な太さの木があったのか。
⑥本文には，そのことは書いてあるか。
⑦その木で何を作ったのか。
⑧どうして丸木船を作ったのか。
⑨サメなどの魚をとらえてどうするのか。
⑩海鳥はどこでとらえるのか。
⑪無人島はどこにあるのか。
⑫なぜ遠い無人島まで行って海鳥をとらえよ

　次いで、丸木船を作るために、森林から太い木が切り出された。
　イースター島が緑の森林におおわれていたころ、森林には丸木船を作るのに十分な太さのヤシの木がたくさん生えていた。その木を切りたおして作った丸木船をこいで、島の漁師たちは、サメなどの大きな魚をとらえていたのである。
　また、島に住む人々は、この丸木船に乗って、島から四百キロメートルもはなれた無人島まで行き、そこに生息する無尽蔵ともいえる海鳥をとらえて食りょうにすることもできた。

「イースター島にはなぜ森林がないのか」鷲谷いづみ
（新しい国語6　平成29年度版，東京書籍）

うとしたのか。

⑬海鳥をとらえてどうするのか。

⑭何のためにサメなどの魚や海鳥をとらえたのか。

⑮食料を得るために何が必要か。

⑯丸木船がないとどうなるのか。

⑰丸木船を作るためには何をしなければならないか。

⑱農地をつくることと丸木船を作ることは,

どちらも何のためか。

⑲だから何をしたのか。

⑳切り開いた結果どうなったのか。

3　展開

授業の実際を以下に示す（②～④⑩～⑭）。左欄の太字は発問計画に対応。右欄の太字はそれに対する予想された児童の反応。□は準備されたカード。板：板書。全：児童全員。

表　展開

学習事項・発問	児童の反応	配慮事項・手立て 発問の意図　など
②じゃ丸木船を作るためにどんな木が切り出されましたか？ 太い木。 つけたしがあるの？ これは何の木？（ア） **④丸木船を作るのに十分な太さのヤシの木ってたとえばどのくらいの太さだろうね。やってみる？（※1）** このくらい？（直径20cmくらいを示す。※2） もうちょっと太い。どうですか？（イ）	C2：丸木船を作るために森林から太い木が切り出された。 C1：つけたし（あ）。 C1：丸木船を作るのに十分な太さの木を切りたおした。 C2：ヤシの木。 全：（直径50cm位を示す。）（い） C2：もうちょっと太い（う）。 C4：細いとおれたりしずんだりする（え）。 C1：細いと人が入れなくなっちゃう（お）。	**②太いヤシの木。** **③丸木船を作るのに十分な太さのヤシの木。** ・ここで③で求めたい答えが出されたので③の発問は省略。 板：十分な太さのヤシの木 **④人が乗ってもだいじょうぶな太さの木。魚や海鳥をたくさん乗せてもだいじょうぶな太さ。直径1m以上。** ・太さを示すよう促す（※1）が適切でなかった（い）ので，例を示し（※2）児童の反応をみる。
細いと人が乗れ…（ウ） だから人が乗っても（ウ） 人が乗ってもだいじょうぶな沈まない太さ（ア）ってどのくらいだろう？やってみて。どのくらい？（※3） 何かおぼえがない？（※4） 木を切って丸木船を作るんだよね。木を切るというよりくり…（ウ） くりぬいて。わかる？（エ） ほってくりぬいて作った丸木船（ア）。それで思い出してほしいと言ったのは5月にどこに行った？（※5） 修学旅行に行きましたよね。	C2：ない。 C1：しずまない。 C2：だいじょうぶ。　C1：安全。 C1：直径… 全：（1回目と変わらない。） C4：木を切って丸木船を作った（か）。 C4：くりぬいて作る。 C3：（動作。） C2：修学旅行。 C1：あ，人が通れる…どっかは忘れたけど，どこだっけ…二荒山神社かな？二荒山神社に人が通れる大きな木があった。	板：人が乗ってもだいじょうぶ。しずまない。 ・再度太さを示すよう促す（※3）。「人が乗ってもしずまない太さ」とわかってもあまり変わらない。 ・経験を思い出させるための問いかけ（※4）。C4の発言（か）は発問の意図とはそれているが，とりあげて「くりぬく」をおさえることにする。 ・板：くり〇〇〇作る。 ・「5月」とヒントを与え（※5）経験につなげる。
（写真を見せる。）略（※6） このくらいの木だったら丸木船は作れますか？（エ） 作れますね。大体直径って言ったでしょ？どのくらいだろう？（※7）	C5：（うなづく。） C4：作れる。 C3：10m。	・一人ひとりに覚えているかどうか確認する（※6）。 ・経験を思い出した上で具体的な数字を問うことにする（※7）。

— 17 —

10m。大変です。 大体 1m… 以内はこう（両手をせばめる）。 直径1m以上あったかな（ア）。そうすると丸木船（丸木船の写真）こういうのができるかな？（ア） 大きいです。この丸木船，人が乗ってもだいじょうぶ。直径1m。大きいです。あとここに何が乗るかな？（※8）	C1：この教室より大きいよ。 C2：2～3m。　　C1：1.5m。 C4：1mぐらい。 C2：以内。 C1：以上。　　C5：1m以上。 C1：大きい。 C2：サメなどの大きな魚や海鳥が乗る（き）。	 板：直径1m以上 ・丸木船の写真を貼る。 ・丸木船の用途を問い（※8），何をするのに十分なのかの理解を確かめる。
サメや海鳥が乗る。重いけど乗せるためには大きな（ウ） 大きな魚や海鳥を乗せても（ウ） どうですか？乗せても（エ） だいじょうぶ。しずまない（ア）。	C1：つって乗せて（く） C1：木が必要。 C4：しずまない（け）。 C5：乗せてもだいじょうぶ（こ）。	 板：大きな魚や海鳥を乗せてもだいじょうぶ。
⑩海鳥はどこでとらえるの？ 太平洋のどんなところかな？（エ） どうですか？無人島がある（ア）。⑪どこにあるって？ どこから？（エ） どうですか？イースター島から400kmもはなれた（ア）…C4何て言った？ 何日もかけて行った。400kmもってかいてあるからやっぱり…（ウ） 遠いのかな？400kmってどのあたりかわかるかな？（拡大した地図を提示。縮尺に合わせてコンパスを開く。）ここを見るとここからここまでが何km？ 400だったらこの（ウ） 半分じゃない。何分の一？ 十分の一，このくらい（コンパスで示す）が400km（※9）。どう思う？（エ） 近い？近く…（ウ） けど何？（ウ） 時間がかかる。たとえば日本だったら（日本地図で説明）略（※10） 400kmって地図で見ると近く見えるけど本当は（エ） そういうことです。⑫それではわざわざ遠い無人島までなぜ行って海鳥をとらえようとした？ 無人島に行ったらいいことがある？（※11） 海鳥をとらえて食料にすることもできた。 無尽蔵ともいえる，無尽蔵って何ですか？（※12） いくら使ってもなくならないほどたくさんある（ア）。	C3：太平洋です。 C5：イースター島から400kmもはなれた無人島（さ）。 C5：400km。 C5：イースター島から400kmはなれた無人島（はなれた所）です。 C4：遠い。 C1：何日もかけて行ったのかな？（し） C4：やっぱり遠い。 C4：4000km。 C2：半分。 C1：十分の一。 C5：近い（す）。 C1：見えるけど C1：実際は時間がかかる。 C3：本当は遠い。 C1：それだけじゃやっぱり足りないから（せ）。 C4：無人島に行ったら無尽蔵ともいえる海鳥をとらえて食りょうにすることができたから（そ）。 C1：無尽蔵ともいえる海鳥をとらえて食りょうにすることができる。 C1：たくさんとってもとってもなくならないほどたくさん。 C4：海鳥がいっぱいいる。	⑩無人島 板：無人島 ⑪イースター島から400kmもはなれた所。 イースター島から400kmもはなれた所。 ・400kmの困難さにつながる発言であったが，ここでは距離を実感させることを優先し，取り上げなかった。 ・教科書の地図で見るだけでは距離感がつかめないと判断し，コンパスを使って比較する。縮尺をもとに400kmをコンパスで示す（※9）。 ・コンパスを日本地図に当てはめて説明する。千葉からの距離を示し，遠さを実感させるための扱い（※10）。 ⑫無人島には海鳥が無尽蔵にいるから。 ・「無尽蔵」を扱うことを意図していたため，発問を変える（※11）。ここで⑬で求めた答え（食べる。食りょうにする。）も出された（そ）ので⑬は省略。 ・意味調べカードを提示。 いくら使ってもなくならないほどたくさんある。

— 18 —

海鳥が無尽蔵にいる（ア）。ポリネシア人はどう思った？ 何でよし？（イ） たくさんとれたらうれしいの？（イ） ⑭サメなどの大きな魚をとらえることと海鳥をとらえて食りょうにする。この２つは何のためにやったのかな？ （板書のカードを指し）何かヒントがあるのかな？（「食りょう」を丸で囲む。※13）食料をどうしたの？（エ） とるためというより別の言葉がある。 漢字一文字でお願いします。 サメなどの大きな魚をとらえるのも海鳥をとらえるのも何のため？（ア）	Ｃ１：よし。 Ｃ１：たくさんとれるから。 Ｃ４：こまらない。　Ｃ１：安定する。 Ｃ２：安定した食りょう生産を行うため。 Ｃ３：とるため。 Ｃ２：とらえるため。 Ｃ４：得るため。 全：食りょうを得るため。	板：海鳥が無尽蔵にいる。 ⑭食りょうを得るため。 ・⑧で用いたカードを提示。 海鳥をとらえて食りょうにするため。 配慮の必要な児童への手がかりとする（※13）。 板：食りょうを□るため。

4　授業を振り返って

　全体に，主発問（①〜⑳）に加え，理解を確認，または発言を繰り返し，板書でのおさえにつなげる（ア），発言の根拠，感想を求める（イ），先を促す（ウ），配慮の必要な児童への個別の働きかけ（エ）が多く見られる。これは，児童の理解を確認しながら，思考の筋道を示そうとする授業者の意図の表れである。

　ほぼ計画通りに展開することができたが，最も時間をかけたのは，④と⑪であった。本文の記述のみからでは，太さや距離を実感することが困難な実態の児童に対して配慮したものである。以下その２点について述べる。

⑴　「丸木船を作るのに十分な太さの木」

　ここでは，何に十分なのか，どのくらいの太さなのかを理解する必要がある。授業者はまず，太さのイメージを確かめようとし（※１）児童の反応をみるために，例を示し（※２），再度太さを示すよう促した（※３）が，結局はっきりしたイメージが持てたのは，経験を思い出してからであった（※７）。このことから，経験をもとに考えさせようとした授業者の計画は，適切であったといえる。何をするのに十分なのか（※８）は，児童の反応（き〜こ）から，理解できていたと思われるが，もし，時間に余裕があれば，「太い木」と「十分太い木」の違いについても触れられるとよかった。（あ）に対して，なぜ付け足す必要があるのかを問う，（う）（え）（お）から「太くても人が乗るには不十分。」を導く，などの扱いも考えられたと思う。

⑵　「400キロメートルもはなれた」

　⑪で400kmの距離を実感させ，⑫につなげるのが授業者のねらいであった。（さ）（す）から，本文通りに答えられたからといって理解しているとは限らない，ということがわかる。実態を見極め，正しい理解に導くこのような扱い（※９，10）は，授業研究会においても，評価された。（し）（せ）はわざわざ行く意味につながる発言であったと思うが，ここでは，取り上げられなかった。

　その他，無尽蔵についても，意味（※12）だけではなく，なぜ海鳥が無尽蔵にいるのかなども考えさせたいところだが，辞書的な意味，文脈上の意味，その背景，など必要なことのすべてを１時間で扱うのは不可能である。事前に，読み取りの中で，事後に，どの段階でどこまでねらうのか，また，児童の発言をどう取り上げ，どうねらいに結びつけるのか，教材研究とともに授業の場での適切な判断，対応も授業を成り立たせるための重要な鍵になると言えるだろう。

特　集 全日本聾教育研究大会①

幼児が感覚運動機能を高めるための取組
～鍛ほめ福岡メソッドに沿った運動遊びを通して～

福岡県立福岡聴覚特別支援学校

幼稚部教諭　**岩佐　洋一**
（いわさ　よういち）

1　はじめに

　本校幼稚部には，昨年度，本年度とも21名の幼児が在籍している。季節の行事や運動遊びで様々な経験を積みながら，絵日記指導や話し合い活動を通して，基礎的な言語力を育ててきた。取組を通して，幼稚部職員間で，言語指導の場面で話者に注目したり口声模倣に時間がかかったりする幼児が多いことが話題にあがった。実際に，様々な要因から話し合いのなかで座位が保持できない，まっすぐ立って発表できないなど姿勢を保持したりバランスを保ったりしながら活動することが苦手な幼児が増えてきている。

　松江市保幼小接続カリキュラム「かしこい体プログラム」によると，「学習のレディネスとして，話し手の方を見て，言っていることを聞き，理解して行動することが円滑にできる体が必要である。学習レディネスを整えるためには，『支える（姿勢保持）』『構える（話者注視，集中）』『調整する（目と手の協応，口声模倣，サイン等提示）』一連の過程の動きを経験し，感覚を統合させる必要がある。」とされている。本校でもこれまで週2回の運動遊びの時間と週1回の「さくらんぼリズム」の時間を設けて継続的に体を動かす

活動や，学年毎の運動遊びや昼休みに外遊びを行い，体を動かしてきたが，それだけでは，学習のレディネスに必要な体作りが不十分であったのではないかと考えた。そこで，話し合いや言語指導に向かう姿勢づくりのために，これまでの活動に加え毎朝登校後の時間を使って，感覚運動機能を高める運動遊びを行うことにした。

　幼児が主体的に取り組むための手立てとして，福岡県で実践している「鍛ほめ福岡メソッド」に沿って指導を行うことにした。「鍛ほめ福岡メソッド」とは，①鍛える（目標設定）②鍛える（目標に向かって挑む）③ほめる（振り返る）の3段階で活動を仕組み，意欲的に活動や学習に取り組めるようにする指導方法である（図1）。

2　指導の実際
(1)　実態把握
①　実施検査
　　a　遠城寺式・乳幼児分析的発達検査
　　b　ミラー幼児発達スクリーニング検査
②　検査結果
　遠城寺・乳幼児分析的発達検査では，「対人関係」や「発語」では，聴覚障がいが起因

して苦手な検査項目があることは予想されたが，それに加えて，運動で年齢相応でない検査項目がある幼児がいることが分かった。年中児7名中，「移動運動」「手の運動」で実年齢に達していない幼児が4名いた。

そこで，運動面に目を向けて実施したミラー幼児発達スクリーニング検査で7名の結果を見ると，「積み上げ」や「積み木構成」，「線引き」などの主に手指の巧緻性や短期記憶に関する項目，「人物画」や「片足立ち」「足踏み」などの主にバランスやボディイメージに関する項目でそれぞれ5，6名が低い値を示した。

③　幼児の実態

2つの検査と日常生活の様子から対象幼児2名について紹介する。

取り組み前の遠城寺式・乳幼児分析的発達検査の「運動」の結果とミラー検査で値が低かった検査項目，日常生活での運動の実態は以下の通りである（表1，2）。

(2) 指導の実際

① 主体的に取り組むための手立て
　　「鍛ほめ福岡メソッド」に沿って

図1　鍛ほめ福岡メソッドの仕組み
（H27「福岡県学校教育振興プラン」より引用）

表1　A児（女児5：0時）

遠城寺	移動運動（4：0）手の運動（4：4）
ミラー	「積み上げ」「積み木構成」「順列」「人物画」「片足立ち」「足踏み」
日常生活	・字や絵を書くことに苦手さを感じ，絵日記を保護者に描いてもらうことが多い。 ・歩行時にふらつきや何も無い所で転倒することがある。 ・話し合い中にじっとしていられない。 ・運動に苦手意識があり消極的である。

表2　B児（男児5：9時）

遠城寺	移動運動（3：0）手の運動（4：0）
ミラー	「積み上げ」「積み木構成」「順列」「立体覚」「手指判別」「片足立ち」「足踏み」「線上歩行」
日常生活	・安定した歩行がまだ難しく，手すりがないと段差の昇降が難しい。 ・集団での話し合いになると注意を持続して話者を見続けることが難しい。 ・集団活動中に周りの幼児の突然の動きを怖がり，びっくりして泣くことがある。

a　【鍛える①】（目標設定）

自分ができることよりほんの少し難しい課題を目標に設定させるために，スモールステップで取り組める3つの活動を設定した。その課題を教師がモデルを示すと共に，写真や絵カードで分かりやすく提示して，自己選択，自己決定の場を設けた。

b　【鍛える②】（目標に向かって挑む）

幼児自身が繰り返し課題に向かい挑戦できるように，活動中には，できたことを具体的にほめ，シールカードやスタンプカードなどで，自分の成果が視覚的に分かるようにした。また，具体的な体の使い方を見せて示したり，言葉掛けをして励ましたりして，次の課題に気付かせた。

— 21 —

c 【ほめる】（振り返る）

その日の活動の最後には、「がんばりひょう」にシールを貼り、がんばりを認める言葉掛けと共に、表を見ながらアドバイスをすることで次回の目標につながるようにした。

月末には、発表会を行った。保護者に成長をほめてもらったり、友達同士で認め合ったりすることで、さらなる運動への意欲の向上を図った。運動に苦手意識のあるＡ児には、発表前の練習でできていることをほめて自信をもたせ、落ち着いて発表できるようにした。

② 運動遊びの内容

毎朝登校後の30分間、朝の活動として実施している。指導内容は、幼稚部全体の実態から「かしこい体プログラム」（図２）より『支える』『構える』『調整する』の３段階の要素を基に設定した。はじめは、すべての基盤となる姿勢保持のための『支える』運動を設定し、少しずつ注視や追視などの動きを加えたり、ボールを使ったりして、『構える』『調整する』動きを取り入れるようにした。

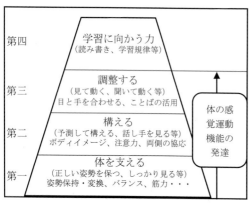

図２　「かしこい体プログラム」
（「松江市保幼小接続プランカリキュラム」より引用）

月毎に内容を変えて、活動を行った。月毎の取組については表３の通りである。

また、主活動の前には、体操や体ほぐしの遊びを取り入れることで意欲を高め、スムーズに活動に入れるようにした（写真１）。

表３　月毎の活動内容（平成28年12月～）

12月	1月	2月	3月
ボール蹴り	長縄	昔遊び	跳び箱
4月	5月	6月	7月
ラダー跳び	平均台	鉄棒	ボール投げ
9月	10月	11月	12月
マット	跳び箱	鉄棒	長縄

写真１　鉄棒の前に行った体操と手押し車遊びの様子

③ 指導の経過

これまでの取組のなかで、「跳び箱」と「鉄棒」について、「鍛ほめ福岡メソッド」に沿って経過を報告する。「跳び箱」についてはＡ児を、「鉄棒」についてはＢ児の事例を紹介する。

a 「跳び箱」の活動（表４）

表４　活動内容の段階表と開始時のＡ児の実態

段階	活動内容	Ａ児の実態	
		3月	10月
1	台の上り下り（支える）	○	○
2	台から跳び下り（支える）	○	○
3	積み木ブロック跨ぎ（支える）		○
4	跳び箱のよじ登り（支える）		○
5	両手で支持し両足で踏み切って跨ぎ乗り（構える）		○
6	助走から跨ぎ乗り（調整する）		
7	助走から跨ぎ越し（調整する）		
8	開脚跳び（調整する）		

３月の跳び箱の活動の【鍛える①】では、両足での台から跳び下り、両手で支持し両足で踏み切って跨ぎ乗り、開脚跳びのモデルを教師が提示した。Ａ児は１段から両足での跳び下りができていたので、モデルを見て次の段階である両手で

支持し両足で踏み切って跨ぎ乗りを頑張ることを目標に選んだ。

【鍛える②】では，はじめは，跳び箱にぶつかったり，手をつく位置が手前過ぎて乗れなかったりした。そこで，日常的にけんけんぱや線渡りができるように廊下にビニールテープを貼った。A児は登校時や休み時間に進んで，線渡りやけんけんぱをするようになり，跳んだりバランスをとったりできるようになってきた。また，視覚的な手がかりとして，跳び箱の上にビニールテープを貼り，何色の部分に手をつくかを明確にすることで跨ぎ乗りができるようになった。

【ほめる】では，1回できるとスタンプが増えていくことに達成感をもち，繰り返し練習することができた（写真2）。そして，目標としていた段階を達成したら，次の段階に目標を変え，より遠くに手や尻をつくなど練習に取り組む姿が見られた。

7カ月後の10月の活動の【鍛える①】では，個人用に配布された「がんばりひょう」に書いてある段階表を見て，自分が助走して跨ぎ乗りをすることまでできていると確認し，助走してからより遠くに手をついて跨ぎ越しをすることを目標にした。

【鍛える②】では，跳び箱の手をつく位置を示すテープを少しずつ前にしていくことで，徐々に前に手をつくことができ，最後には，2段の跳び箱で助走して跨ぎ越しを行うことができるまでになった。

【ほめる】では，がんばりが分かる方法として3月は，できるたびにスタンプを押していたが，10月は，アドバイスや良かった点等を言いながらシールを渡すように変更したことで，次にどうしたら良いか自分で考えることができるようになった（写真3）。

写真2（左）　3月のスタンプカード
写真3（右）　10月のシール貼りの様子

b 「鉄棒」の活動（表5）

表5　活動内容の段階表と開始時のB児の実態

段階	活動内容	B児の実態 6月	B児の実態 11月
1	低い鉄棒でぶら下がり（支える）	○	○
2	低い鉄棒で脱力「ふとん」（支える）		○
3	高い鉄棒でぶら下がり（支える）		○
4	両腕支持「つばめ」（支える）		○
5	両腕支持から前回り（調整する）		○
6	両手両足でぶら下がり「ブタの丸焼き」（支える）		
7	足掛けぶら下がり（調整する）		
8	足抜き回り（調整する）		

6月の鉄棒の活動の【鍛える①】では，はじめに，より長くぶら下がる，鉄棒を軸に体を屈曲させ脱力する（ふとん），跳び上がって両腕を伸ばして制止する（つばめ），前回りのモデルを教師が提示した。B児は，鉄棒をつかませるとなんとかぶら下がることはできていたため，「10秒ぶら下がる」と目標を決めて取り組んだ。

【鍛える②】では，ぶら下がりの目標に向けて繰り返し挑戦するなかで，ぶら下がっていることはできるが，落下することが怖くて手を放すことができない様

子が見られた。そこで，鉄棒を足が着くか着かないかの高さから少しずつ高くしていき，手を放して足を着く練習を行った。次の段階である「ふとん」でも鉄棒の高さによる恐怖で体に力が入っていたので，屈曲して手足が着く高さまで低くすることで怖がらずに取り組むことができた。その後は，Ｂ児が怖がらない高さで繰り返すことで，自分で着地したり脱力技で逆さまになったりすることがスムーズにできるようになってきた。

【ほめる】では，発表会に向けて鉄棒の高さを徐々に上げていき，本番では，床から足まで15cm程の高さで10秒ぶら下がった後に自分から手を放して着地することができた。また，低い鉄棒では「ふとん」と「つばめ」をした後に前回りも披露することができた。

5カ月後の11月の鉄棒の活動の【鍛える①】では，「がんばりひょう」をもとにぶら下がりから段階を上げ，両手両足でぶら下がり，体を鉄棒に引き寄せる「ブタの丸焼き」を目標に選んだ。

【鍛える②】では，場の設定で，3つのコーナーを設け，鉄棒を2箇所回る間に跳び箱を1回跳ぶようにしたことで，腕で支持する力と鉄棒での支える力をつけるようにした（写真4）。

写真4　場の設定　　写真5　発表の様子

【ほめる】の発表の時には，「ぶたの丸焼き」を行った。自分で，鉄棒に足をかけてよじ登り，体を引き寄せて10秒間保持することができた（写真5）。床からの高さと逆さになる怖さもなくなったようである。

3　成果

ミラー幼児発達スクリーニング検査を取組開始当初と9カ月後の今年度2学期に行って，結果を比較した。

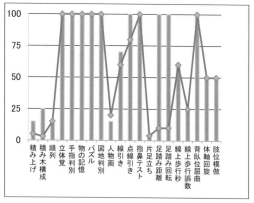

図3　A児のミラー検査の結果の推移
（折線：5：0　棒：5：9）

A児は，「積み上げ」「積み木構成」「人物画」「片足立ち」「足踏み」「線上歩行」に苦手さが見られていた。9カ月後の結果を見ると，「積み上げ」「積み木構成」で若干伸び，「足踏み」で大きな伸びを見ることができた。日常では，ふらつきがなくなり，歩行や体幹が安定して転倒することがなくなった。

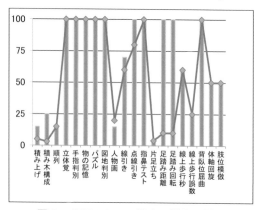

図4　B児のミラー検査の結果の推移
（折線：5：9　棒：6：6）

B児は，全体的に運動機能に未発達な面が多く見られ，昨年度は，両足でジャンプしたり，手すりを使わずに階段を下りたりすることが難しかった。今年度の検査結果を見ると「足踏み」「線上歩行」で大きな伸びが見られ，体幹のバランスやボディイメージがもてるようになってきた。また，「積み上げ」「順列」「手指判別」「パズル」などでも伸びが見られ，「学習に向かう力」の前段である「支える」力や「構える」力，「調整する」力がついてきたと考えられる。日常の様子でも，周りの幼児の動きを気にして走る様子が見られなかったが，周りをよく見て走るようになったり，階段の上り下りで片手を支える援助が必要だったが，自力でできるようになったり，動きが活発になってきた。

事例の2名以外の幼児も，この取組の前後で，「足踏み」と「線上歩行」の数値が上がっていることが分かった。これは，月齢の発達と併せて，感覚運動機能を伸ばす取組のなかで，「支える」動きを土台として多く取り入れた結果，体を支える力やバランスをとる力が向上したものと考えられる。また，「積み上げ」の課題で数値が上がっていた幼児がみられた。これは，「平均台」で物を持って渡ったり，「ボール投げ」で的を見ながらボールを投げたり等の目と手の協応といった「調整する」動きができ，積み木が倒れないように見ながら次の積み木を積む動きができるようになったと考えられる。また，「鍛ほめ福岡メソッド」のコンセプトに沿って活動を設定することで，運動課題が幼児自身にとって分かりやすく達成感を味わうことができたことにより，少し難しい課題に対しても，幼児自らが意欲的に運動に取り組む様子が見られたのではないかと考える。

4　今後の課題

今後の課題としては，以下の3点が挙げられる。

(1)　実態差に応じた内容の工夫

昨年度は年中，年長それぞれの実態に応じて別々の内容で活動してきたが，今年度から朝の活動として，年中児，年長児合同で取り組み始めた。2学期からは年少児が学校に慣れてきたため全学年で同じ場，同じ内容で活動している。集団が大きくなれば実態差が大きくなるために，場の設定や内容をさらに工夫することが必要になってくる。今後は，活動内容をさらにスモールステップで設定し，どの幼児も達成感を味わうことができるように工夫していきたい。

(2)　ボディイメージを育てる活動の検討

ミラー検査の結果で数値が伸びなかった項目で「人物画」等ボディイメージを課題とする項目がある。運動遊びの取組以外でもどのようにすれば身に付けさせていくことができるかを検討し，活動内容を工夫したい。

(3)　「学習に向かう力」を培う授業作り

「支える」「構える」「調整する」といった力を積み上げることができてきたので，口や舌等の微細な動きを使う発音発語指導や話者に注目し，子どもが主体的に参加できる話し合いの授業づくりを進めていくことが必要である。

参考文献
松江市保幼小接続カリキュラム「かしこい体プログラム」　H25松江市教育委員会
「福岡県学校教育振興プラン」H27福岡県教育委員会

特集 全日本聾教育研究大会②

寄宿舎で実践できる
コミュニケーション支援に関する一考察
―アップル・トーク・タイム活動を中心に―

岩手県立盛岡聴覚支援学校

寄宿舎指導員　山口　祥
（やまぐち　しょう）

1　はじめに

⑴　寄宿舎の概要

　本校は1911年に創立された100年以上の歴史をもつ学校である。2018年2月現在，幼稚部から専攻科までの幼児児童生徒53名が在籍しており，寄宿舎生（以下，舎生）は22名である。

　本校舎生の主な入舎理由は通学の保障であるが，社会情勢の変化に伴い，生活や学習の保障を必要とするケースも少なくない。

　舎生の聴こえの程度はさまざまであり，近年は聴こえの支援以外にも配慮が必要な児童生徒も多く在舎している。こうした多様なニーズに対して寄宿舎指導員（以下，指導員）が個別の支援計画を立てて，寝食を共にしながら家庭的な雰囲気のなかで支援を行っている。

⑵　寄宿舎における言語指導

　本校寄宿舎では，2012年度から言葉のマッチングや個人新聞づくり等，生活における読み書きの力を伸ばすための支援に取り組んできた。その結果，新聞やニュースに関心をもち，読みやすい言葉の選び方や書き方を考える力がついてきた。

　しかし一方で，一対一では聞き取れるが集団の中では聞き取れない，相手に伝わっているかどうか気にならない，というようなコミュニケーション面での課題があきらかになってきた。

　将来の生活を見据えると，読み書きができることと同様に，集団の中で聞き取り，自分の意見を伝えられることは重要である。そうしたコミュニケーション能力を育てるために，寄宿舎生活を通してできる支援について模索し，実践してきた。以下，本稿では2016年度の活動を中心に報告したい。

2　目的

　社会生活の集団場面で応用できる「伝える力」と「聞き取る力」の育成を最終的な目的とする。

　その上でコミュニケーション能力を3段階に分類し，学部ごとの目標とした。ただし個々のもつ課題については，個別の支援目標を立てた上でそれぞれ評価した。

・小学部：対話を楽しむ（第1目標）

・中学部：対話の役割を知る（第2目標）

・高等部：多様な対話を学ぶ（第3目標）

3　方法および支援の留意点

(1) ミーティングの活用

　本校舎生は課外活動との関係から、学部ごとに下校時間が異なる。そのため全ての舎生がそろう夕食後の時間帯（18：30～19：15）は、自治的・文化的活動（舎友会）や安全指導等が行われている。また、指導員の勤務形態の違い（19：30以降の勤務は宿直の指導員のみ）もあり、コミュニケーション支援のための時間を確保するには工夫が必要であった。

　そこでミーティングの時間（19：15～19：30）の見直しを図った。従来はホールに集まって点呼や諸連絡を行うものであったが、そこに週1回、10分程度、興味関心のあるテーマを舎生が発表する活動、アップル・トーク・タイムを組み込むことにした。

(2) アップル・トーク・タイムについて

　アップル・トーク・タイムは「リンゴの木の前に座って語り合う時間」と、舎生のアイデアで名づけられた活動である。

　進め方は、はじめにルーレットを回して発表者を選ぶ。そして発表者がサイコロを転がして、出た目によってお題を決める（図1）。発表までの準備期間は1週間とし、発表者はサイコロのお題から具体的なテーマを準備期間の中で決め、内容を考える（表1）。発表はホールで、ミーティングの最後にリンゴの木の前に集まって行う。発表後には質問タイムを設けて、聞き手から発表者へ質問や感想を伝える。発表内容は指導員がリンゴの木に掲示していくというものである。

　準備期間中、指導員は入浴や食事の時間、係活動や掃除の合間、余暇時間（20：30～）等、日常的な生活の中で交わされる会話を通じて、舎生が「みんなに伝えたい・聞いてほしい」と思うテーマと内容を引き出し、実態に応じた支援を行った。

(3) 支援のポイント

①対象：2016年度舎生19名(小2／中6／高11)
②支援者：指導員12名
③支援の際に配慮すること：

・方針：舎生の伝えたい意欲を大切にする。
・伝え方の支援：速さや目線を確認する。
・聞き方の支援：指導員も楽しく質問する。
・振り返りの支援：映像を撮る、掲示する。

図1　アップル・トーク・タイムの道具

表1　アップル・トーク・タイムの日程

実施日	発表者	お題	テーマ
5.26	中1女	1.オススメ	ドーナツ・レシピ
5.26	高1女	5.自分	岩泉町紹介
6.2	中3女	6.舎監	きかんしゃトーマス
6.9	中2女	2.趣味	水泳・太鼓
6.30	高2男	2.趣味	大谷翔平選手
7.7	高2女	1.オススメ	ディズニーランド
7.14	高2男	3.得意	超古代文明
7.21	高2男	3.得意	父の草野球
7.21	高1女	2.趣味	赤川次郎
8.24～9.8		＜中間指導＞	
11.24	中1女	2.趣味	妖怪ウォッチ
12.1	中3女	5.自分	手作りペン
12.1	高3女	4.思い出	盛輝祭
12.14	高3女	2.趣味	風景写真・開脚
12.21	高2男	3.得意	ポータブルゲーム
1.19	小4女	3.得意	マット運動
1.31	高2男	3.得意	ノーヒット・ノーラン
2.16	小3男	5.自分	ガンプラ
3.15	高2女	1.オススメ	ボーカロイド
3.16		＜まとめの指導＞	

4 実際の活動

(1) 伝える力と聞き取る力

発表者（伝える側）へは，自分の好きなことを・みんなを見ながら・ゆっくり話すの3点を伝えた。その他の舎生（聞き取る側）へは，主体的な反応が生まれるように，指導員も一緒に参加して合いの手を入れたり質問をしたりと，進んで楽しむ姿勢をみせた。

当初，発表者（伝える側）には緊張が見られたが，回を重ねるごとに落ち着いてきた。

席から立って写真や道具を見せてまわったり（6.2中3女／12.14高3女），得意なダンスやマット運動，さらには川柳を披露したりする等（12.1中3女／1.19小4女／2.16小3男），発表を楽しみ，内容にも個性が表れるようになった。

舎生（聞き取る側）にも変化が見られた。

例をあげると，普段交流が少ない上級生（7.7高2女）の発表に小学部生が質問をしたり，野球選手の真似をリクエストされて困っていた発表者（6.30高2男）のために，複数の男子生徒が飛び入り参加で一緒に真似をしたり，発表をコミュニケーションと捉えた反応に変わってきた（図2）。

また質問のやりとりにも変化が表れた。発表者（聞き取る側）にうまく伝わらない際に，質問者（伝える側）が繰り返したり言い換えたりして，相手に伝わるよう意識する姿勢が見られるようになった（図3）。

発表者と質問者は，伝える側と聞き取る側の役割を交互に受け持ちながら言葉のキャッチボールを交わしていた。このようにアップル・トーク・タイムを通じて，伝える力と聞き取る力の相互関係によってコミュニケーションが深まっていく様子が見られた。

図2 アップル・トーク・タイム（発表）

自分で描いた絵を発表した（11.24中1女）。
質問コーナーで，高2男が「描いた絵をTVに応募したらどうか」と提案した。「応募」の意味が伝わらず，TVに応募するまでのロールプレイを見せるなどした。
別の高2男は，より身近なこととして「寄宿舎美術館（食堂）に展示したらどうか」と提案した。「食堂＝美術館」が伝わっていない様子だった。
そこで中2女が，「食堂に貼ってほしい，それともイヤ，どっち」と二者択一の質問にすると，「それは…（両手で"いいよ"と表現する）」と答えが返ってきて，会場が拍手と歓声に包まれた。

図3 相手に伝わるよう言い換えた事例

(2) 中間・まとめの指導

3週間の中間指導では，舎生が発表内容を曖昧にせずに聞き取ることができるように，字幕つきの記録映像で振り返った。

舎生は自分たちの発表を見ながら，客観的に「うまく伝えられている点」と「もう少し工夫が必要な点」を書き出した。次に少人数

のグループになって，手話について，表情について，道具についてといったように，共通する意見をまとめる作業を行った。中間指導はうまく伝えるための工夫を，聞く立場になって考えるきっかけとなった（図4，表2）。

表2　うまく伝えるための工夫

- 「手話」がはっきりしていると聞きやすい。
- 「見せる物」（写真等）があると理解しやすい。
- 「表情」が良いと印象に残る。
- 発表「時間」が適度（3分くらい）だと集中できる。

図4　中間指導

まとめの指導では，もう一度映像を見ながらうまく伝える工夫について振り返った（図5）。

活動に消極的な舎生もいたが，多くの舎生は「準備は大変だけど，自分のことを知ってもらう良い機会になる」と好評であった。

図5　まとめの指導

(3) その他

リンゴの木には発表の記録を掲示した。掲示物を注目しやすいモチーフにしたことと，掲示した場所が，多くの児童生徒が利用する食堂だったこともあり，通学生や学校職員も足をとめて舎生と話し合う姿が見られた。

5　考察
(1) 準備期間の支援内容の共有

事前準備について，舎生が内容を考える際に指導員が配慮した点を記録した。それらを支援の程度に応じて4段階（少し，かなり，ほとんど，その他）に分類した（表3）。

特に舎生が自分でテーマを決めることが難しい段階（かなり・ほとんど）の場合に，舎生の伝えたい意欲を引き出すための指導員の支援が大変効果的であることがわかった。

例をあげると，お題（オススメ）からテーマが決められなかった舎生に，指導員が雑談で聞いた「おばあちゃんの手作りドーナツ」の話をしたところ，「そのドーナツを作って，レシピをオススメしたい！」というようにテーマが決まったことがあった（5.26中1女）。

こうした例は他にも多くある。これらは指導員が舎生の生活に寄り添い，普段からその興味関心に耳を傾けているからできることだと思われる。指導員のきめ細かな日常の観察と配慮が舎生の伝えたいという意欲，つまりコミュニケーションの素地を育むための大切な支援になっているものと考えられる。

(2) 伝える力と聞き取る力

アップル・トーク・タイムを通じて，舎生はこれまで行ってきた報告や連絡とは異なり，自分が伝えたいことを，自分なりの言葉で内容を考えて，集団へ向けて発表する体験ができるようになった。

また質問タイムの際に，発表者に伝わって

いるかどうかを気にしながら質問や感想が言えるようになってきたことは，コミュニケーションを深めることの喜びを実感できたことであり，これも大きな成果と言える（図6）。

うまく伝えるための工夫など，伝える側に意識の向上が見られるようになったこと，また，「もっと知りたい，もっと聞きたい」というように，聞き取る側の意欲も高まったこと，このような伝える側と聞き取る側との双方向の関係性の深まりが，活動をさらに楽しく活発なものへと変容させていると考えている。

(3) その他

発表までの事前準備の支援記録を作成した。これにより，コミュニケーション能力に関する舎生の実態はもちろん，個別の支援計画の確認や棟会（宿直指導員による報告会）の確認だけでは難しかった，指導員一人ひとりの具体的な支援の手立てが分かるようになった。さらにこれを指導員全員で共有できたことは大きな成果であった。

図6　アップル・トーク・タイム（質問タイム）

表3　発表までの事前準備における支援の段階と内容《一部抜粋》

段階	舎生	特に配慮した点（●：実態／⇒：支援方法）	テーマ
Ⅰ 少し	中3女	●自分から発言することに抵抗はない様子。伝えるためにゆっくり話すなどの配慮ができる。 ⇒発表の前日に発表練習を聞き，内容は自分で考えてまとめた。	手作りペン
	高2男	●内容の構成はできるが，人を惹きこむ構成力には至っていない。声も小さいので表現力も弱い。 ⇒雑談の中に興味を与える内容が入っていたので，それを盛り込むと良いのではと助言した。	ノーヒットノーラン
Ⅱ かなり	高1男	●興味のある分野（古代文明）については知識が豊富にある。人前での発表はできるが語彙と内容整理（構成力）が苦手。 ⇒話したいことを聞き取りながら内容をしぼり，起承転結の構成を確認した。	古代文明
	中3女	●人と関わることが好き。興味関心の幅は狭い。 ⇒アップル・トーク・タイムのテーマになりそうなものを職員と一緒に書き出した。みんなに興味をもってもらえそうなものを一緒に選んだ。分かりやすいように写真を準備した。	写真・開脚
Ⅲ ほとんど	中1女	●自分の考えを他者に伝えること（特に文章化）が難しい。手話も曖昧で表現も小さい。 ⇒テーマの質問（週末の宿題）に答えられず，容易な内容に変更。伝えたいことを聞き取り，職員が文章構成を考え，一緒に原稿を作成。原稿をもとに手話表現と話し方を練習した。	妖怪ウォッチ
	小3男	●伝えたいことはたくさんあるが，どのような手順で話せばいいのか整理することが難しい。 ⇒言葉を増やす日常の取り組みを生かし，最後に川柳を加えた。実際に自分が作ったプラモデルを持ってきてみんなに見せながら発表を行うこととした。	ガンプラ
	高3男	●話したいことはあるが相手に伝わりにくい。手話，日本語ともに語彙が少ない。 ⇒話したいことをメモに書き取り，メモをもとに内容を文章で書かせた。その文章をもとに手話の確認をした。	父の草野球
Ⅳ その他	中1男	●発語がなく，聴こえの支援以外にも配慮が必要なため個別の対応を行った。目標を「誰かと活動に参加することができる」とした。 ⇒回を重ねるごとに，他の児童生徒と一緒に座って長く参加することができるようになってきた。	―

6 おわりに

(1) 2017年度のコミュニケーション支援

コミュニケーション支援は，他の生活全般に関する支援と同様に，学校と寄宿舎で情報や観点を共有することでよりよい成果が期待できると考えている。今年度もさらに学校全体での連携の強化を図った。

本校で作成している「自立活動指導段階表」を寄宿舎でも活用し，共通の観点でコミュニケーション支援を行うこととした（表4）。

表4　自立活動指導段階表＜要約＞

領域／指導段階	Ⅰ	Ⅱ	Ⅲ	Ⅳ	Ⅴ
A．他者とのかかわり	\multicolumn{5}{l|}{「話し方」と「聞き方」の指導段階表があり，それぞれに5領域，5段階（身につけさせたい力／指導実践例）が設定されている。寄宿舎ではAとBの2領域に限定して，実践している。}
B．コミュニケーション手段					
C．語彙					
D．文法					
E．発音語					

指導員が計画した個別の支援目標から，指導段階が近い舎生で小集団を形成した。昨年度と異なるのは，自分の興味関心のあるテーマをサイコロのお題からではなく，新聞記事から選ぶ点である。そのテーマを「新聞づくり」という共同作業を通して発展させ，舎生それぞれの興味関心について話し合うことで，伝える力や聞き取る力を育てたいと考えている。

昨年度からミーティングに組み込んでいたアップル・トーク・タイムの時間は，共同で制作した新聞のプレゼンテーションを行うことにした。事前準備も2週間に延長し，指導員は舎生間の話し合いの橋渡し役となりながら，できあがった新聞を聞き手が関心をもつように伝える方法や，表現の工夫（手話表現）等のコミュニケーション支援を行っている。

(2) 今後の展望

寄宿舎で実践できるコミュニケーション支援について考察してきた。改善すべき課題は残されているが，重要なのは今回の成果をどう発展させていくかである。

寄宿舎では毎年，輝き祭（8月），クリスマス会（12月），送別会（3月）等，季節や生活を感じられる行事を行っている。舎生は自然体でいきいきとしており，伝えたい意欲であふれている。こうした姿を支えているのがコミュニケーション能力なのだと考える。

「コミュニケーション」は実にいろいろな意味をもつ言葉である。伝え，聞き取ることだけではなく，相手の気持ちを察すること，信頼関係を築くこと，交渉や説得，自己アピールや自己理解（セルフトーク）等，多くの要素が絡み合っている。

寄宿舎はさまざまな児童生徒が共に生活する場であり，そこには集団生活ならではの学びがある。加えて，あたかも家族と一緒に暮らしているかのようなあたたかい憩いの時間もある。つまり舎生は自然なふれあいのなかで「コミュニケーション」を学ぶことができる環境にいると言える（図7）。

寄宿舎という環境を最大限に活かして，舎生が本来もつ，伝えたい意欲を引き出すために，私たち寄宿舎指導員には柔軟な姿勢と創意工夫とが求められる。多分野の知識を取り入れながら，今後も生活に即した寄宿舎らしい支援について考え，実践していきたい。

図7　自然なふれあいのなかで学ぶ
（サイコロでお題を決めている場面）

特　集　全日本聾教育研究大会③

小学部児童の保健室利用時における養護教諭との対話により体の状態を自分で伝えられるようになるための実践

青森県立弘前聾学校

養護教諭　**淋代　香織**
（さびしろ　かおり）

1　はじめに

　平成27年9月に開催された，青森県特別支援教育研究会聾教育部会養護教諭分科会において情報交換が行われた際，保健室を利用する幼児児童生徒は「体の部位の名称をあまり覚えていない」「時間の経過に伴って変化する痛みの状態を伝えることが難しい」「自分の健康状態を上手く伝えられない」「高等部でも単独通院が難しい生徒が多い」ことが話題となった。

　卒業後，社会の中で自立した生活を営むためには，必要な時や場面で相手に要件を伝えることが大切である。特に体調不良等で医療機関に通院する際に自分の言葉で伝えることや話の内容を理解するという2つの力は，今後より必要となる力であり，在学中から育んでいくことが大切である。

　そこで，児童が保健室を利用する際，けがや体調不良の状態を伝えることができるようにするための方策を考え，その実践を行った。

2　目標

　児童が保健室を利用する際に，養護教諭と問診カードを活用したやりとりを通して，けがや体調不良の状態を自分で伝えられることを目標に実践した。

3　研究方法

(1)　対象

　小学部2，3，4，6学年の児童6名（男子4名，女子2名）である。全員，音声と手話や身振りを併用して会話をしている。

(2)　指導場面の設定

① 　小学部教員への協力依頼

　児童と養護教諭が一対一で対話する場面を設定することで，保健室滞在時間の延長が予想されることを伝えた。なお，保健室に帯同する教員に対して，直前の指導や保健室での代弁は行わないこと，問診前又は問診後に児童の状態や保健室利用の様子を共有することを確認した。

② 　児童への事前指導（伝えた事柄）

a．けがや体調不良の状態を自分で伝えてほしいこと

b．担任に伝えてから保健室に来ること

c．質問する内容や答え方の例を知ること

なお，cについては同様の内容を掲示した。

③ 指導場面

児童が保健室を利用する際に、養護教諭にけがや体調不良の状態を伝えるときを指導場面とした。伝える内容は「いつ、どこで、何をしていたとき、どうして、どこを（が）、どうした、どんなふうに（痛み等の程度、痛み等の時間の経過、痛み等の様子）」（以下、「けがや体調不良の状態7項目」）である。

④ 児童への問診

養護教諭が最初から問診せずに、児童が自分でけがや体調不良の状態を伝えるまで少し待つことにした。児童が自分から話すことが難しい場合、養護教諭が必要な情報について質問することにした。

けがや体調不良の状態に応じ、手当をしながら、または、手当後に必要な問診をした。「けがや体調不良の状態7項目」で質問し、質問文や答え方の例（文字やイラスト）を示した問診カード（質問用）を活用することにした。そして、児童が伝えた内容を児童から見える場所で問診カード（記入用）に記入し、養護教諭が記入した内容と児童の伝えた内容が合っているかを確認した。

(3) 支援ツールの活用

問診時の養護教諭の質問や児童が伝えた内容を確認するための問診カードを作成した。

① 問診カード（質問用，図1）

けが用と体調不良用を作成した。ここでは、けが用について記載する。

「いつけがをしましたか？」「どこでけがをしましたか？」「何をしていたときけがをしましたか？」「どうしてけがをしましたか？」「どこをけがしましたか？」「（体のどこを）どうしましたか？」「どのくらい痛い？」「どんなふうに痛い？」のカードを作成した。なお「どのくらい痛い？」と「どんなふうに痛い？」のカードは、痛みの程度、時間の経過

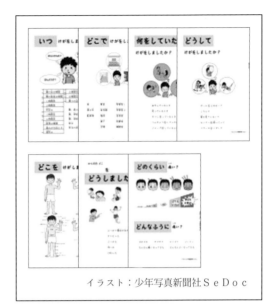

図1　問診カード（質問用）

に伴う痛みの変化を量的に、また擬音語で表現できるようにした。

各カードには、口頭での質問を見て確認できるように質問文を記載し、答え方の例をイラストや名称、例文等で載せ、選択できるようにした。

問診カード（質問用）は、児童が質問を理解し、質問に答えるための支援ツールとし、以下のとおり各児童の様子に応じて必要な部分のみを提示した。

a．音声を聞き分けることは困難だが、文字を見て質問が分かる。

→文字を提示して質問する。

b．イラストで質問をイメージする。

写真1　問診の様子

→文字とイラストを提示して質問する。

c．どんな言葉で答えたらよいのか分からない，何を答えたらよいのか困っている。

→選択肢を提示したり，答えの例をいくつか読み上げる。児童が答えを選択したり，例をまねたりして答えられるようにする。

d．選択肢の中から選ぶのが難しい。

→選択肢を指して一つずつ読み上げる。児童が「はい」「いいえ」で答えられるようにする。

② 問診カード（記入用，**図２**）

けがをした　ぐあいが悪い
なまえ
保健室にきた日時
いつ
どこで
何をして
どうして
どこを（が）
どうした
どんなふうに
処置

図２　問診カード（記入用）

「けがや体調不良の状態７項目」を記入する欄を設け，児童が伝えた内容を養護教諭が記入した。補足が必要な項目は，養護教諭が質問し，児童が答えた内容を追加記入した。記入後，内容を児童に見せて確認した。

⑷ 実践期間

2016年６月下旬から10月まで，けがや体調不良による保健室利用時の児童と養護教諭の対話を記録した。６月下旬から７月下旬まで（夏季休業前）の実態把握の期間を「指導前」，８月下旬から10月までの一対一の対話や問診カードを活用した期間を「指導期」とした。

⑸ 検証方法

対話記録をもとに，児童が養護教諭に伝えたけがや体調不良の状態を「指導前」と「指導期」で比較した。比較した内容は以下の５つである。

① 児童が伝えた情報量

児童が伝えた情報量を合計し，１回の保健室利用あたりの情報量（カウント合計／来室回数）を比較した。

② 児童が伝えた方法

①を「自分から話す」「養護教諭の質問に答える」「養護教諭と問診カードを活用してやりとりする」「教員の手本・合図や質問に答える」の４種類に分けて比較した。

③ 児童が伝えた項目

①を「けがや体調不良の状態７項目」で分けて比較した。

④ 児童が伝える際のやりとり

やりとりをしたときの状況，手段，問診カードの活用，伝えた内容，伝えた項目数，児童が話した言葉や内容を比較した。

⑤ 問診カードの活用効果

問診カードの活用による児童の伝えた内容を比較した。

４ 結果

⑴ 児童が伝えた情報量

児童Ａ，Ｂ，Ｃ，Ｄ，Ｅ，Ｆ（６名）の指導前と指導期の情報量を**図３**に示した。

図３　児童が伝えた情報量とその方法

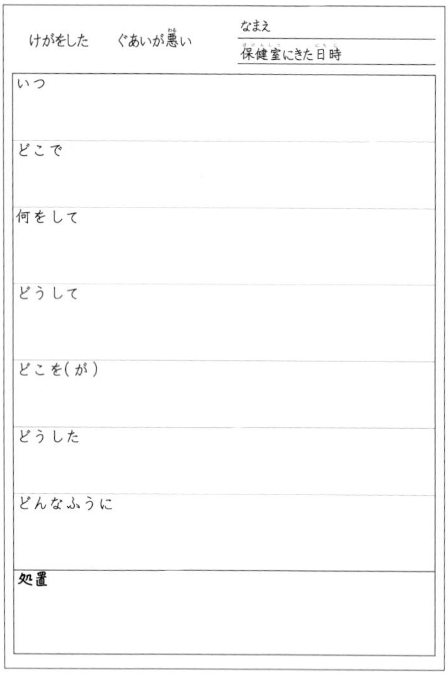

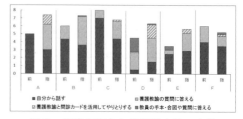

児童A，B，D，Eは，指導前に比べて指導期に伝えた情報量が増えていた。この増加は，養護教諭とのやりとり（質問に答える，問診カードを活用してやりとりする）による情報量が増えたことによるものであった。

児童C，Fは情報量が指導期に減っていた。

(2) 児童が伝えた方法

「自分から話す」は児童Dは指導期に増え，児童A，B，C，Fは減り，児童Eはほとんど変化が見られなかった。

「養護教諭とのやりとり」（質問に答える，問診カードを活用してやりとりする）は，児童A，B，C，D，Eで指導期に増え，児童Fで減っていた。

「教員の手本・合図や質問に答える」は，児童D，Eで減っていた（図3）。

(3) 児童が伝えた項目

児童A，B，C，D，Eは，項目の数や情報量に増減が見られた。児童Fはあまり変化が見られなかった（図4）。

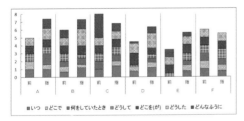

図4　児童が伝えた項目

(4) 児童が伝える際のやりとり

児童が伝えた際の特徴的なやりとりについて，児童Dの事例を以下に記載する。

＜指導前（7月）の一例＞

爪が痛いため担任と一緒に来室。担任が児童Dに「爪が痛いです」の表現方法を音声に指文字と手話を併用して伝え，児童Dはそれをまねて，音声と手話で「爪が痛いです」と来室理由を話した。どの爪かの養護教諭の質問に対し，児童は右手を養護教諭に近づけ爪

表1　児童Dの養護教諭とのやりとりの変容

	指導前（7月）	指導期（10月）
状況	・担任と一緒に来室 ・担任と一緒に養護教諭とやりとり	・担任と一緒に来室（担任は情報提供後に退室） ・児童一人で養護教諭とやりとり
方法	・担任の模倣や合図により話す ・養護教諭の質問に答える	・自分から話す ・養護教諭の質問に答える ・問診カードを活用したやりとりにより答える
表現の仕方	・部位を見せる ・質問へのうなずき ・担任の合図によって単語で話し，担任の表現を模倣して短い文を話す	・部位の指さし ・質問へのうなずき ・単語や身振り，短い文，カードを見て選択して話す
問診カードの活用により伝えた項目		・いつ ・何をしていたとき ・どんなふうに（痛みの程度，経過，様子）
伝えた項目と内容	いつ	朝の体育	今日，（朝の）体育の時間
	どこで		体育館
	何をしていたとき		遊んでいたとき
	どうして	こうやって（爪をちぎって）	（他児の）足がバンってぶつかった
	どこを	右手中指の爪	左目の下
	どうした	痛い	痛い
	どんなふうに		ぶつけたとき：すごく痛い，今：少し痛い じんじん痛い

を見せていた。いつから痛くなったのかは，担任が児童Dに問い掛け，担任の「朝の」という働き掛けにより，「朝の体育」と話していた。爪が痛くなった原因は，養護教諭の「こうやったの？」という音声と身振りを交

えた質問に対し，首を上下に動かしたり，左右に振ったりして答えていた。

＜指導期（10月）の一例＞

他の児童とぶつかり，左目の下を痛めたため来室。どうしてけがをしたのかは，「バンって危なかった」と身振りを加えながら話していた。養護教諭の質問「どこが痛い？」に対し，左目の下を触り「ここ」，「（他児の）どこにぶつかったの？」に対し，「足」，「いつなの？」に対し，「今日」と答えていた。これら以外のことは，問診カード（質問用）を活用したやりとりにより伝えていた。イラストを提示しながら「何をしてるとき？」に対し，イラストを指して「（他児が）やった，体育館やった」，選択肢を一つずつ提示しながら「遊んでいるときかな？」に対し，「うん，遊んでた」，選択肢を一つずつ提示しながら「何の時間？（朝の）体育の時間？」に対し，「うん」，イラストと文字を提示しながら「どのくらい痛い？」に対し，カードを指して「（今は）少し痛い」，「（ぶつけた時は）すごく痛い」を選択し，「どんなふうに痛い？」に対して「じんじん」を選択していた。

対話記録から児童Dの指導前と指導期のやりとりを比較した（表1）。

指導前は担任と一緒に養護教諭とやりとりし，担任の模倣や合図等により4項目を伝えていた。指導期は，自分から話す，養護教諭の質問に答える，問診カードを見て答えることにより一人でやりとりし，7項目を伝えていた。

(5) 問診カードの活用効果

児童A，Cは，質問の聞きもらしや聞き間違いをしたときに，問診カード（質問用）の質問文を確認することで情報を伝えることができた。また，児童A，D，E，Fは，イラストや答えの例を見て考え，確認して情報を伝

えることができた。

問診カード（記入用）の記入内容を見て訂正したり，より具体的に話したりした児童はB，Cであった。例えば，児童Bがかゆみを訴えて来室した際，養護教諭の質問「いつから？」に対し，児童は「さんしゅうのとき」と答えた。養護教諭は「先週」と言ったと解釈し，問診カード（記入用）に「先週」と記入したところ，それを見た児童Bが「違う」と言い，「算数」と訂正して記入していた（図5）。

図5　問診カード（記入用）での確認の例

問診カード（質問用）は，問診以外に，体の部位の名称を指導する際にも使用した。例えば，膝のことを「あしうら」と言っていた児童Eに対し，養護教諭が部位の名称の中から『ひざ』を指し示し（図6），児童に膝であることを教えたところ，次の来室時には自分で部位の名称の中から『ひざ』を見つけて「ひざ」と返答したり，別の来室時には「あしうら」と答えたことに対して「おしい」と言われ，「ひざ」と言い直したりしていた。

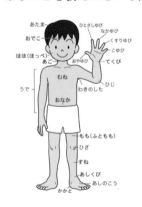

図6　問診カード（質問用）「どこをけがしましたか」のイラスト（一部）

5 考察

　指導前は，児童に質問しても明確な情報が得られなかったとき，養護教諭は担任から情報を収集し，状況を把握していた。本実践では，問診時に質問する項目を児童に指導し，児童が養護教諭と一対一で対話する場面を設定し，問診カードを活用したやりとりを繰り返した。その結果，児童から情報を引き出せるようになってきた。繰り返し行ったことにより，児童は養護教諭から質問される項目，伝える内容，問診時のやりとりの流れが分かってきたのではないかと考える。また，問診カード（記入用）を活用して養護教諭が受け取った内容を児童に返したことにより，自分の話したことが養護教諭に伝わるという経験を少しずつ積み上げることができ，話しやすくなってきたのではないかと考える。

　児童が伝えた情報量等の増加には，養護教諭の変容も影響している。養護教諭は児童とやりとりを重ねていく度に，「ス」が「シュ」になる等の発音の特徴や言い間違いの傾向等，児童それぞれの特徴が少しずつ分かるようになってきた。児童が発した言葉を養護教諭が受容できるようになってきたことが，やりとりのスムーズさにつながってきている。

　実践を通して，養護教諭とのやりとりにおける情報量等は増えてきた。一方で，やりとりの中身を見てみると一問一答が多く，児童が文で伝えることが少ないと感じた。また，自分から話して伝えようとすることも同様に少なかった。このことから，児童の話した内容を養護教諭が文にして示して返すことにより，児童が文で伝えることができるようにしていく必要性があることを強く認識するに至った。文で伝える力を付けることにより，いくつかの情報をまとめて伝えることができるようになり，やりとりがよりスムーズになって

いくと思われる。

　対象児童の中には，けがや体調不良の状態を伝える言葉が分からなかったり，間違って覚えていたりすることがあり，言葉の獲得や言葉の修正には時間を要した。問診カードに載せるイラストや選択肢には限りがあるため，日頃から児童が身の回りの物や場所等の言葉を身に付けられるようにする必要性を感じた。今後は，体の部位，物，場所等の名称を繰り返し指導する等，保健室利用時にも児童の語彙力が向上するよう働き掛けるようにしたい。また，児童が安心して問診に見通しをもち養護教諭と対話できるよう，保健室利用で見えた課題を担任と共有し，児童が主体的に，相手に分かるように，けがや体調不良の状態を伝えることができるようにしていきたい。

謝辞

　この研究にあたり平成28年度青森県総合学校教育センター特別支援教育長期研究講座でご指導いただいた先生方に深謝の意を表する。

[参考文献]

我妻敏博（2011）「改訂版　聴覚障害児の言語指導～実践のための基礎知識～」　田研出版

健学社（2016）「心とからだの健康3月号」第20巻第3号　付録ほけんだより

静岡県養護教諭研究会（2009）「養護教諭実践事例集11　特別支援教育における養護教諭の役割～ひとりひとりが輝いて～」　静岡県養護教諭研究会

全国聴覚障害教職員協議会（2011）「365日のワークシート手話，日本語，そして障害認識」　全国聴覚障害教職員協議会

徳島県立徳島視覚支援学校・徳島県立徳島聴覚支援学校（2016）「タブレット端末活用事例集～学びがつながる　未来につながる　地域につながる　心がつながる～」

発達障害者支援のための地域啓発プログラムの開発研究班　自閉症・知的障害・発達障害児者の医療機関受診支援に関する検討研究班［編著］（2008）「発達障害のある人の診療ハンドブック　医療のバリアフリー」　白梅学園短期大学

宮越涼子（2013）「機能的な言語の使用に困難さのある自閉症児へのコミュニケーションカードを活用した言語による要求伝達の形成」『青森県総合学校教育センター　特別支援教育長期研究講座報告2012』

特　集　全日本聾教育研究大会④

子どもの思考力・判断力・表現力を育てる授業づくり
～国語科の指導を中心に～

佐賀県立ろう学校

小学部教諭　**中村　浩子**
（なかむら　ひろこ）

1　はじめに

　本校小学部の児童には，物事をとらえる際に，目の前で起きている事象との関係を優先する傾向が見られ，授業中に思考をつなげていく場面においても，過去の経験や既習の内容を十分に生かさないまま考えをまとめてしまうことが多くあった。このことは，思考力・判断力・表現力の育成という視点から大きな課題であった。

　そこで，児童が学んだことを正確に認識すること，それらを活用して思考する経験を積んでいくことが大切だと考え，板書の工夫や教室の構造化に取り組んだ。

　また，児童がこれらの力を真に身につけていくには，学んだ事柄を生活場面で使用し，成功・失敗体験を繰り返すことで，その場や状況に応じた使い方を学ぶことが必要である。このことを踏まえた上で，授業における指導法や手立ての工夫等に加え，日々の教育活動全体で，児童が思考・判断・表現できる場を，教師が意識して用意していく必要があると考えた。

2　研究目的

　児童の思考力・判断力・表現力を育てるた

めの効果的な指導法について探る。

3　研究方法

○学部での取組

①　授業研究

　小学部の職員全員が国語科の授業を中心に研究授業と授業研究会を行って研究を進めた。その際に，学部で作成したチェックシートを用いて，「発問」「板書」「ワークシート」「指導支援」の観点から授業を評価し，授業研究会で検討を重ねた。児童の実態に応じた思考の流れを考えながら発問計画を立てるために，模擬授業を行うなどして，項目ごとに研究を深め，指導時に注意・工夫すべき点を以下のようにまとめた。

ア　発問について

・主題に迫る主発問と，それを支える補助発問とに分類し，児童の実態に応じて，児童の思考の流れを考えながら発問計画を立てる。

・発問は，「簡潔に分かりやすく」を心がける。いろいろな尋ね方，答え方を経験させていく。

・主発問が児童に伝わらない場合，不用意に補助発問を重ねることで，児童自身は「今

何を答えるべきなのか」が分からなくなっていくことも多い。補助発問を重ねたとしても、必ず最後には最初の発問を問い直し、児童に答えさせるよう徹底する。

イ　板書について
- 登場人物の絵を描き、児童に表情を描かせて説明させることで、心情表現につなげていく。
- 児童の発言を、さらに適切な表現（言葉）や、使いこなせるようになって欲しい表現（言葉）に置き換えて書く。
- 児童の思考を促すため、発問の答えについては虫食いの文の形で板書し、ノートを取る際に、答えについてさらにもう一度考えさせる場をつくる。
- 板書は、児童の実態に応じて、ワークシートとの設問の順番に合わせて内容を変え、生徒の思考のヒントになる言葉や絵を書（描）き入れる（図1）。

図1　板書の基本的なレイアウト

ウ　ワークシート
- 児童の実態に応じて、児童の思考の流れと発問の流れを考慮して作成する。必要に応じて、イラストや図で思考の手助けをする。しかし、児童の思考の幅を狭めないために、イラストや図は、段階的に減らしていくことも必要である。

エ　指導支援
- マンツーマンで行う授業では、児童が自分の考えを友達と比べることが難しい。また、教師がゆさぶりをかけるために、児童と違う考え方を示すと、それに大きく引きずられてしまうことも多い。そこで、キャラクターのペープサートを用意し、板書する際に黒板に貼り、児童と違う視点からの意見を示す。こうした工夫により、児童が自分の考えを他と比べ、思考を深めることにつなげていく。

② 教室環境づくり

黒板、ホワイトボード、拡大本文、既習の内容をまとめた掲示物、言語事項についての掲示物等の位置を決め、教室の備品等の配置を学部内で統一した。児童は、授業中に必要な情報を自分で探して、思考に役立てることができた（図2）。

図2　教室の配置図

③ 言葉の力を伸ばす取り組み

ア　帯自立*（チャレンジタイム）
- 毎日15分間、マンツーマン体制で児童の実態に応じて語彙の拡充や、文法学習などの日本語の読み書きの指導を行っている（図3）。毎月1回は、学習課題が同じ児童のグループによる学習も行っている。

図3　毎日の帯自立の様子

---

* 自立活動で扱う内容を構成要素で分けて短時間で学習すること。毎日同じ時間帯に設定することが多い。

図4　毎月1回の合同チャレンジタイム

イ　連想ゲーム（合同チャレンジタイム）
・毎月1回，帯自立の時間に，児童全員で，語彙の拡充を目的として，季節やその時期に行われる行事，自然現象等のキーワードから連想する言葉をつなぎ広げていく活動を行っている（図4）。

ウ　学習内容の情報共有
・職員室のホワイトボードにコーナーをつくり，今学習している各教科の単元名や，児童に覚えて欲しい言葉や言い回しを掲示し，学部の職員内で情報を共有している。担任以外の職員も，他教科や休み時間，給食時間などにその言葉を使って子どもたちと話し，反応を報告し合っている。

4　担任クラスでの授業実践

本学級の児童は，自分が経験した心情を言葉に置き換えることができなかったり，経験そのものが少なかったりするために，登場人物の心情に迫る際に，言いたいことがあっても表現の幅が狭くなってしまうことが多い。また，友達の意見に刺激を受け，授業中には競い合って積極的に自分の意見を発表するものの，場面の流れを考えず，目についた言葉を用いて場当たり的に答えてしまうこともある。思考・判断する上で必要な言葉の力を身につけ，既習の内容や自分の経験を使って考え，相手に分かりやすく伝えることという点で必ずしも十分な力が育っていたとは言えなかった。

そこで，単元の学習を事前・学習中・事後の3つに分けて全体をデザインし，その段階ごとに何度も学習内容を確認できるような計画を立てて授業に取り組んだ。これは，平成26年度に国立特別支援教育総合研究所が開催した研修会に参加した際に教えていただいた単元計画のモデルを基に作成したものである（表1）。

表1　「単元計画のモデル」

	事前	学習中	事後
国語の授業	○難語句の学習 ・意味調べ	○発問 ○板書 ○掲示物（心情曲線・場面） ○答え方のモデル ○ワークシート ○根拠を示す答え方	○難語句の学習 ・短文づくり
その他の活動	○アセスメント ・難語句 ・情報収集（事象・心情・経験） ○難語句の使用 ・保護者や職員への協力依頼	○学習内容の活用（掲示） ・難語句 ・言い回し	○心情に関わる語句を日常的に使う・使わせる ○学習内容に関わる話し込み

○授業実践（使用教科書　光村四下　はばたき）
① 　4月『白いぼうし』…実態把握
・発問に対して，目についた文中の言葉や思いつきで答えることが多かった。
・自分の意見の根拠を示すことにもまだ慣れておらず，理由を尋ねられると「そう思ったから」「分からない」等と答えてしまうため，根拠が曖昧で，友達を納得させるような意見になっていなかった。
・物語文の読み取りでは，語彙力・日本語力の問題もあり，一人で大まかな内容を読み

取ることが十分にできなかった。

・獲得している心情を表す語彙が少ないため，登場人物の言動から心情を読み取ったり，自分の言葉で表現したりすることに戸惑う様子が見られた。

② 7月『一つの花』

単元計画を**表2**に示す。

表2 『一つの花』単元計画

		事前	学習中	事後
国語の授業		○難語句の学習 ・意味調べ	○発問 ○板書 **○答え方のモデル** ○掲示物	○難語句の学習 ・短文づくり
その他の活動		○アセスメント ・難語句 ・情報収集 **・戦争についての知識** ○難語句の使用 ・保護者や職員への協力依頼	○学習内容の活用（掲示） ・難語句 ・言い回し	○心情にかかわる語句を日常的に使う・使わせる ○戦争に関する話し込み

《手立ての工夫》

・保護者に，児童が戦争について知っていることなどを尋ねる。

・事前に戦争について話し込む場を設けることで，その知識の程度を把握しながら，児童に戦争のイメージを持たせる。

・難語句のリストを家庭に配付し，機会があれば，使用したり，説明したりしてもらう。

・T2が授業中に，理由をきちんと説明する答え方のモデルを示す。

《成果と課題》

・事前に戦争についてじっくり話し込む場を設けたことで，イメージを持ちながら文章の読み取りに入ることができた。

・難語句は戦争に関わるものが多く，日常生活のなかではあまり使用する機会がなかった。家庭では，語句のリストを目につくところに貼って，テレビでニュースを見た際

などに，機会を捉えて使用してもらうことができた。

・考えたことを発表する際に，しっかりとした根拠がないまま，思いつきで答えてしまうこともあった。しかし，教師がモデルを示すことで答え方が分かり，根拠を示して意見を発表することに徐々に慣れてきた。

・友達の考えやその理由を聞いて，納得することができる場面が増えた。

・児童の心情に関わる語彙が少ないことを改めて感じ，それ自体にアプローチする必要性を感じた。クラスで気持ちにまつわる言葉集めに取り組んだ。

③ 9月『ごんぎつね』

単元計画を**表3**に示す。

表3 『ごんぎつね』単元計画

		事前	学習中	事後
国語の授業		○難語句の学習 ・意味調べ	○発問 ○板書 ○掲示物 **（ごんと兵十日記）** **○答え方のモデル** ○ワークシート ○根拠を示す答え方	○難語句の学習 ・短文づくり **「テーマ日記」**
その他の活動		○アセスメント ・難語句 ・情報収集 **（時代劇・後悔・償い）** ○難語句の使用 ・保護者や職員への協力依頼	○学習内容の活用（掲示） ・難語句 ・言い回し	○心情に関わる語句を日常的に使う・使わせる ○学習内容に関わる話し込み

《手立ての工夫》

・キーワードとして考えた「後悔」「償い」について，児童の持つ経験を保護者に尋ねた。それが少ない場合は家庭でも改めて経験する場を設けてもらった。

・時代のイメージを持たせるため，家庭で時

－41－

代劇を観る機会を設けてもらった。
・T1,T2の教師も,ごんの立場からの『ごん日記』を書き,答え方のモデルを示すようにした。

《成果と課題》
・心情表現を『気もちの木』として,教室後方に掲示することで,児童が自分の考えを発表するときの手助けとなった。しかし,答えが必ずそこにあると思い込んでしまうこともあった（図5）。
・教師が『ごん日記』を用いて答え方を示すことで,それを模倣しながら,答え方を工夫するようになった。
・説得力のある根拠を示しながら,理由が言えるようになった。

④ 2月『初雪のふる日』
単元計画を表4,授業の様子を図7に示す。

表4 『初雪のふる日』単元計画

		事前	学習中	事後
国語の授業		○難語句の学習 ・意味調べ ○話し込み「雪」	○発問 ○板書 ○掲示物（心情曲線） ○答え方のモデル ○ワークシート ○根拠を示す答え方	○難語句の学習 ・短文づくり
その他の活動		○体験活動 ・石けり ○アセスメント ・キーワード ・難語句 ・過去の体験 ○キーワード使用の場を仕組む ・保護者 ・職員 ・サイコロトーク ○気持ちの木 ・心情を表す言葉集め	○学習内容の活用（掲示） ・難語句 ・言い回し	○心情に関わる語句を日常的に使う・使わせる ○学習内容に関わる話し込み

《手立ての工夫》
・読解の鍵となる登場人物の心情について,児童がこれまでに経験したことがある心情なのか,日常生活のなかで確かめたり,保護者に尋ねたりしてアセスメントを行った。
・児童が経験したことがない心情表現については,家庭や学校で実際に経験させたり,気持ちに関する言葉集め（『気もちの木』）や,朝の会を利用して,キーワードを使わせる活動（サイコロトーク）などをしたりして,日々の生活のなかで心情を表す言葉を学習する場を仕組んだ（図6）。
・主人公の置かれている状況や心情の変化を振り返られるように,心情曲線を用いて思考の手助けとなるように工夫した。
・T2の教師が答え方のモデルを示すことで,根拠を示して答えることに慣れさせた。

図5 気持ちの木（教室掲示の様子）

図6 気持ちの木（心情を表す言葉）

図7 『初雪のふる日』の授業の様子

《成果と課題》
- 事前に話し込みや体験活動をしたことで，イメージを持って教材文を読めた。
- 授業でキーワードとなる心情表現をピックアップし，その経験があるか保護者に尋ねた。学習中，理解が難しい時に保護者から聞いておいたエピソードを基にして説明することで，心情理解に役立った。保護者が児童の理解していない語句や心情について積極的に体験させることにもつながった。
- キーワードとなる心情表現を，朝の会のサイコロトークで取り扱うことで，少しずつ意味や使い方の理解につながった。
- 『気持ちの木』の取組で，児童の心情表現の語彙が増えた。
- 心情曲線は，主人公の現在の状況や心情，これまでの変化の過程を確認し，全体を考えて思考・判断するのに有効であった。児童が思いつきで発表することが減り，自分なりの根拠を示しながら意見を発表することができるようになった。
- 指導者が狙うキーワードを授業中に引き出すことができたものの，児童の実感を伴う言葉として発せられたものとは言えず，表面的な印象を受けた。
- 主人公の心情を表す言葉で，児童が使いこなせないものについては，この単元の学習後も，日常生活の中で繰り返し使用させる場を仕組んだ。その結果，日記や日常会話でも使えるようになった。

5　まとめ

子どもたちの思考力を育てる上で，周囲の大人（教師・保護者等）の果たす役割は大きい。情報を共有しながら，機会を見つけてはタイムリーに子どもたちに話しかけ，考えを引き出し，子どもたちに言葉として返させることを繰り返し行わせることが大切である。

このことを実践する上では，授業中だけでなく，学校生活・家庭生活のあらゆる場で「自分で考え答えを出し表現させる」場を仕組んでいくことが不可欠であるが，そのためにも，事前に十分な教材研究をし，単元全体をデザインすることが重要であった。

また，児童が考え，行動した理由を自分の言葉でうまく表現できない場合は，教師がその意味づけと表現の仕方を教えることも必要である。心情表現に関する言葉自体を教えていくために，日常生活のなかで，児童が体験した心情を，丁寧に言葉に置き換えたり，周囲の大人が，自分の心情を言葉にして児童に伝えたりしていくことが大切だと考えている。

こうした取組を続けることにより，少しずつではあるが，児童に，論理的に考え，それを表現する力が身についてきていると感じている。今後も，さらに研究・実践を重ね，児童がさまざまな場面で学んだ事柄や言葉を使いこなし，より深い思考ができるように指導していきたい。

謝辞

この授業を実践するにあたり，筑波技術大学の長南浩人先生にご指導いただいた。心より感謝申し上げたい。

特集 全日本聾教育研究大会⑤

ビジネスマナーの基礎知識と見方・考え方を育む教育
～シリアスゲーム教材「マナー・クエスト」の開発～

筑波大学附属聴覚特別支援学校
専攻科ビジネス情報科教諭　**内野　智仁**
（うちの　ともひと）

1　はじめに

　厚生労働省（2016）の新規学卒者の2015年における離職状況をもとに，入職1年後の職場定着率を算出したところ，高校卒で81.9%，短大等で82.1%，大学卒で88.2%の割合が結果として得られ，毎年調査が行われて支援策等の検討が進められている。その一方で，障害者の離職率・定着率を公的に把握・公表する調査については近年行われていなかった。

　それら現状を受け，高齢・障害・求職者雇用支援機構障害者職業総合センター（2017）は，聴覚障害を含めた障害者の職場定着状況及び支援状況等の就業実態を2015年に調査した。その結果，聴覚障害者215名の最終学歴別の入職1年後の職場定着率について，高校卒で66.9%，短大等で81.0%，大学卒以上で76.9%という実態が明らかになった。

　新規学卒者対象の調査と，新規学卒者も含めた聴覚障害者対象の結果は，単純に比較できないものの，いずれの学歴カテゴリにおいても，聴覚障害者の職場定着率の割合が下回るという現状が明らかになっている。そのため，聴覚特別支援学校の進路指導には更なる充実が求められるが，進路指導の現状については，多くの課題が指摘されている。

　文部科学省（2004）は，下記内容を学校教育上の課題として指摘し，改善を求めている。
・発達課題の達成を支援する系統的な指導や援助の意識や観点が希薄
・実践を通した指導方法の蓄積が少ない
・取組が全体として脈絡や関連性に乏しく，多様な活動の寄せ集めになってしまう
・生徒の内面の変容や能力・態度の向上等に十分結びついていかない

2　進路指導の現状と課題解消の方策

　聴覚特別支援学校の進路指導の現状については，進路指導者や教育環境に関する調査を例に読み取ることができる。

　国立特別支援教育総合研究所（2009）が調査したところ，聴覚特別支援学校の進路指導担当の経験年数（進路指導を担当した年数）は1年以上5年未満が67.1%，5年以上10年未満が15.1%，10年以上が17.8%という結果であった。進路指導に関わる教員用手引きや冊子等については，「保有していない」とする回答が63.0%，「教材の使用なし」とする回答が52.1%という結果であった。

　進路指導に教材を使用している場合にも，市販のテキスト・映像資料，公共機関による

― 44 ―

刊行物，自作のプリント資料等の「見る・読む」が中心となる教材であった。

上記の先行研究から，半数以上が経験年数5年未満で，指導書を保有せず，教材なしに教育を行っている現状が明らかにされ，文部科学省（2004）の指摘を追認する結果が得られている。また，生徒の回答に応じて個別のフィードバックを与える進路指導用のデジタル教材の開発・検証もこれまで行われていない。

例えば，課題とされる「実践を通した指導方法の蓄積」の解消には，有効性と必要性が予見される仕組み・内容で構成された教材を開発・検証し，成果を共有することが考えられる。

学習に有効な教材の開発には，先行研究によるモデルや成果の活用が重要である。

坂元（1988）は，教授と学習の過程について，教師による情報提示，生徒からの反応，反応に対するKR（Knowledge of Results）の3方向によるコミュニケーションで構成されるとして教授学習過程のモデルを示している。

この3方向コミュニケーションモデルの考え方をデジタル教材に適用する一つの方法として，デジタルゲームの長所を社会的な問題解決に応用する「シリアスゲーム」の手法を取り入れることが考えられる。シリアスゲームは，学習者の動機付けを高めやすいこと，複雑な概念理解を促しやすいこと，振り返り学習を促しやすいこと，フィードバックを通した学習改善が期待できること等から，シリアスゲームに基づくデジタル教材の開発・検証が近年盛んに行われている（例えば，藤本2011，内野 2017等）。

また，必要性が予見される内容としては，例えば国立特別支援教育総合研究所（2009）

図1　本教材の表示画面

図2　グラフィカルリンクによる選択肢回答

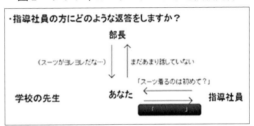

図3　関係図による活動の場面

の調査「早期から重点をあてて指導すべき内容」で最上位に示された「基本的なマナー（63.0％）」「コミュニケーション意欲（56.2％）」等のビジネスマナーに関する指導が挙げられる。

3　シリアスゲーム教材「マナー・クエスト」
(1) 教材の概要

本研究では，社会人に求められるビジネスマナーについて学ぶことができるデジタル教材を3方向コミュニケーションモデル及びシリアスゲームの手法を参考に実装した。

高等部専攻科生を教育対象者に想定して，文部科学省が示す合理的配慮の内容を参考に，生徒自身が情報表示の量を調節しながら教育が受けられる機能，生徒の選択に応じて個別の即時フィードバックメッセージが与えられ

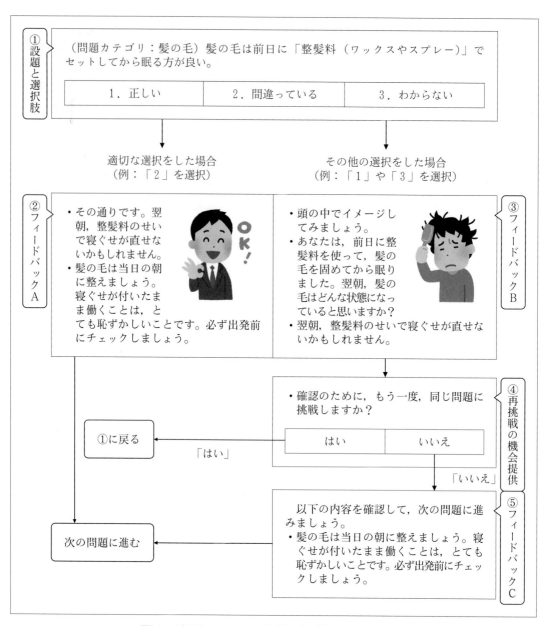

図4 ビジネスマナーの基礎知識を学ぶ問題の展開例

る機能，回答履歴をログとしてテキストファイルに記録できる機能等をHTML形式で実装した。各種デバイスのウェブブラウザから教材が設置されたサーバにアクセスする形式で，学習者は所有デバイスから，いつでも，どこからでも教育を受けることができる（図1）。

表示画面をタップすることで教材は展開し，対話インタフェースでの選択肢回答に応じて，表示や展開を制御できる。本教材の対話インタフェースには，グラフィカルリンクによる選択肢回答（図2），関係図の表示と組み合わせた選択肢回答（図3・図5）を使用した。

(2) 教材内容

今回の教材では，表1の問題を設定した。ビジネスマナーに関する基礎知識を学ぶための「知識」問題（基礎編33問，女性編12問，

男性編16問）と，社会人に求められる心構え
や考え方を学ぶための「エピソード」問題
（計2問）を設定した。それぞれ関連資料や
参考書等の内容を参考に生成した。「知識」
問題と「エピソード」問題は，それぞれ図4
と図5の形式で展開されるように実装した。

(3) 基礎知識を学ぶ問題の展開

　図4では，表1の「知識」問題における問
題カテゴリ「髪の毛」の1問を例示した。

　「①設題と選択肢」では，設題を示して，
学習者に3つの選択肢（正しい・間違ってい
る・わからない）から1つを選択させる。適
切な選択をした学習者は「②フィードバック
A」の表示を確認した上で，次の問題の「①
設題と選択肢」に進む。②の場面では，適切
な選択ができていることを把握させると同時
に，適切な認識を定着させる説明文を示す。
その一方で，①の場面で，適切ではない選択
や「わからない」を選択した学習者は，「③
フィードバックB」の表示を確認する。③の
場面では，どの回答が適切な選択だったのか
明示するのではなく，学習者がイメージしや
すくなる説明を示し設題理解を促す情報で構
成した。「④再挑戦の機会提供」は，学習者
の状況や③の内容に対する理解度等が個々に
異なることを踏まえて，学習者に選択権を持
たせるために構成した。④で再挑戦するとし
た学習者には①を再表示して，再選択させる。
再挑戦しないとした学習者には「⑤フィード
バックC」を示し，適切な認識を定着させる
説明を確認させてから，次の問題の「①設題
と選択肢」に取り組ませる。よって，いずれ
の回答を選択したとしても，すべての学習者
に適切な認識を定着させるための情報が表示
される展開になっている。

(4) 見方・考え方を学ぶ問題の展開

　図5では，表1の「エピソード」問題にお

表1　本教材に設定した問題

基礎知識を学ぶ問題カテゴリ		問題数
共通編 33問	髪の毛	4
	つめ	3
	スーツ	7
	ワイシャツ ブラウス	5
	くつ	2
	かばん	3
	時計	5
	所持品	2
	コート	2
女性編 12問	スカート	3
	ブラウス	2
	化粧	3
	ストッキング	2
	アクセサリ	2
男性編 16問	ひげ	6
	靴下	3
	ネクタイ	4
	ズボン	3
見方・考え方を学ぶエピソード問題		
1）実習中，急な大雨で昼休憩に上司から「かさ」を借りた。どのように返却すべきか思考することを通して，相手への心遣いや考え方を学ぶ。		
2）よれよれのスーツを着る等，身だしなみを整えないと，周囲にどのような印象を持たれるのか体験する。その体験を通して，社会人としての心構えや考え方を学ぶ。		

ける「よれよれのスーツ」の1問を例示した。
　「①状況説明」では，本エピソードを考え
る上で必要となる条件設定について把握させ
る。「②設題と選択肢」では，学習者に設題
を示して選択肢から1つを選択させる。本教
材では，複数の選択肢から回答を選ぶ行為に，
学習者の動機付けを高める効果が期待できる

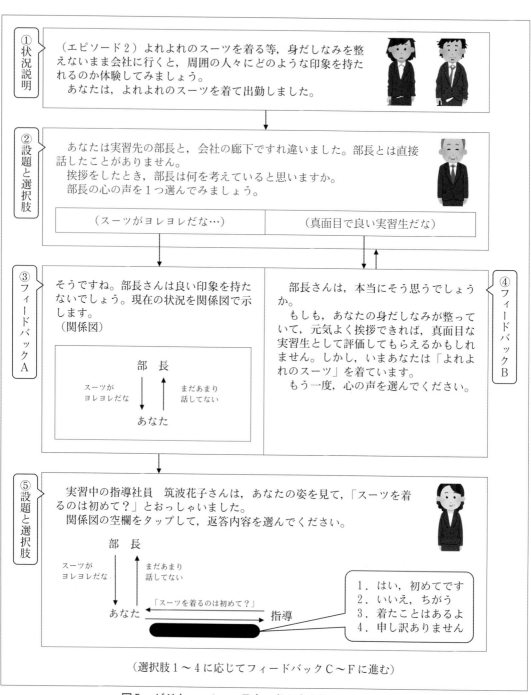

図5　ビジネスマナーの見方・考え方を学ぶ問題の展開例

と考え，採用している。「③フィードバックA」では，登場人物や人物間の発言等を視覚的かつ客観的に振り返るための関係図を示し，現在の状況を把握させる。そして，これから選択肢回答を通して関係図を段階的に作成するための前提知識を把握させる。「④フィードバックB」は，動機付けを高めるために設けた選択肢に対応したフィードバックメッセージを表示し，再度②に戻し物語を展開させる回答に導く役割を担う。学習者の選択によっ

ては，通過しない場合もあることから，全員が通過する最後の「まとめ」で要点を表示する。「⑤設題と選択肢」では，設題と共に③で構成した関係図と追加情報を提示し，空欄箇所をタップさせて選択肢回答させる。それぞれの選択肢に対応したフィードバック情報を設けて，関係図を段階的に作成させながら登場人物の発言意図や気持ちを見方・考え方として学習させる。

4　まとめと今後の課題

　本研究では，ビジネスマナーの基礎知識と見方・考え方を育むことを目的とするマルチデバイス対応のシリアスゲーム教材を実装した。知識問題とエピソード問題で構成し，選択肢回答やフィードバックメッセージによる学習者の動機付けを高める工夫，社会人に求められる心構えや考え方を学ぶ活動に関係図を活用する工夫等を基にして教材化した。

　今後は，本教材の有効性を教育実践や質問紙調査等を通した検証・改善と共に，ビジネスマナーを効果的・効率的に育むための指導法の開発を念頭に研究を進めていく必要がある。

参考文献

独立行政法人国立特別支援教育総合研究所（2009）障害のある子どもへの進路指導・職業教育の充実に関する研究. http://www.nise.go.jp/blog/2009/05/post_212.html（参照日　2017.07.01）

独立行政法人高齢・障害・求職者雇用支援機構障害者職業総合センター（2017）障害者の就業状況等に関する調査研究. 調査研究報告書No. 137

藤本徹（2011）効果的なデジタルゲーム利用教育のための考え方. コンピュータ＆エデュケーション，31，10−15

厚生労働省（2016）新規学卒者の離職状況. http://www.mhlw.go.jp/stf/houdou/0000140526.html（参照日　2017.07.01）

文部科学省（2004）キャリア教育の推進に関する総合的調査研究協力者会議報告書. http://www.mext.go.jp/b_menu/shingi/chousa/shotou/023/toushin/04012801/002.htm（参照日　2017.07.01）

坂元昂（1988）子どもを生かす授業のしくみ. ぎょ

うせい

内野智仁（2017）インターネット・リテラシーを育むための学習支援教材の開発と実践. 日本教育工学会第33回全国大会講演論文集，297−298

投　稿

聴覚障害者向け就労移行支援事業実施までの10年

公益社団法人 東京聴覚障害者総合支援機構
東京聴覚障害者自立支援センター
所長　矢野　耕二
　　　（やの　こうじ）

1　センターの沿革

　当センターは，JR山手線渋谷駅と恵比寿駅の丁度中間にあたる地域に所在しているが，普通の住宅地のそれも袋小路の奥に建っているため，少々場所がわかりにくい。最初にセンターを訪問する人は，だいたいの場合，約束時間に30分は遅れてくる。

　今から，20年ほど前，このセンター所在地には，岡沢ひささんという聴覚障害者が暮らしていた。そのころの聴覚障害者を取り巻く社会は障害者にとって非常に暮らしにくい社会で，岡沢さんもいろいろと苦労されたのだろう，97歳でお亡くなりになったとき，自分の子供や孫の世代の聴覚障害者に同じ苦労は味わわせないようにと，ご自分の土地を東京都聴覚障害者連盟（東京都の聴覚障害者当事者団体）に無償寄付され，私たちは，この土地に都内の聴覚障害者を支援するセンターを建立することにした。

　土地は無償で寄付いただいたが，そこに設立するセンターの建物工事の費用については，都内の聴覚障害者および手話関係者の寄付活動などによって銀行借り入れの頭金を作り，20年の銀行ローンを組んで賄った。

　センターの運営は，東京都聴覚障害者連盟，東京都中途失聴・難聴者協会，東京都手話サー

図1　東京聴覚障害者自立支援センター外観

クル団体連絡協議会，東京都手話通訳問題研究会，そして地元の渋谷区聴覚障害者協会という，聴覚障害関係団体による運営委員会が担っている。

　最初は，聴覚障害を持った弁護士や建築士などによる専門相談といった事業内容であった。その後，要約筆記派遣事業を東京都から委託を受けて実施していたが，その要約筆記派遣が東京手話通訳等派遣センターに移った2006年から，聴覚障害者に対する相談支援事業（ソーシャルワーク　SW）を開始している。

2　相談支援（ソーシャルワーク）とは

　ソーシャルワークとはどういうものか。イ

ンターネットや専門書などでその定義を調べ
ると，抽象的な言葉や横文字がこれでもかと
並ぶ説明ばかりで，何度読んでも眩暈がする。
簡単に説明すると，ソーシャルワークとは，
人はみな，普通に通学し，普通に就労し，普
通に地域で暮らして一生を終えられるはずな
のだが，何らかの理由でそれができないとき
に，その理由（課題）を本人や関係者と一緒
に考えて整理し，専門機関と連携しながら，
本人が一つ一つその課題を克服し，通学，就
労，生活ができるように支援していくことで
ある。

このなかで，学校に通えないケース，すな
わち不登校であるが，いじめ，虐待，貧困，
家庭崩壊，発達障害，などの課題があったと
して，この課題を本人が克服しながら不登校
から脱却していくために，児童相談所，保健
センター，福祉事務所，警察，弁護士などと
連携し支援していくことを，スクールソーシャ
ルワーク（SSW）という。

また，コミュニケーションの壁にぶつかっ
たり，企業側に聴覚障害に対する理解が少な
かったり，聴覚障害者本人の就労レベルが十
分ではなかったりしたために，せっかく企業
に就職したのに退職してしまった聴覚障害者
が多く存在するが，就労中の聴覚障害者と企
業の間に入って，ハローワーク，就労支援機
関などと連携し，聴覚障害者本人と企業が良
好な雇用関係を継続していくように支援して
いくことを，ジョブコーチ（職場定着支援）
という。

当センターでは，2007年から一部の都立ろ
う学校でSSWの実践を始め，現在は都立ろ
う学校全校で支援を実施している。また，20
08年から開始している東京都の補助事業であ
る東京ジョブコーチ職場定着支援事業のジョ
ブコーチに，4名の職員（聴覚障害2名，健

聴2名）が登録しており，聴覚障害者が勤務
している企業の支援を担当している。

この取組を通してわかってきた課題から，
2018年4月より，東京都からの指定を受けて，
聴覚障害者に特化した障害者就労移行支援事
業を始める予定である。

こうした経過について，スクールソーシャ
ルワーク，ジョブコーチ，そして就労移行支
援事業にいたるまでの10年を振り返ってみた
い。

3 都立ろう学校でのSSW実践活動

きっかけは，2007年に，ある都立ろう学校
からケース対応について相談があったことで
ある。ケース内容についてはここで説明する
ことはできないが，このケースに対応してい
くことによって，学校に対して，学校は指導，
当センターは支援という役割分担について確
認し，理解を得ることができた。現在では，
大塚，葛飾，立川各ろう学校でSSW支援活
動を，中央ろう学校ではスクールカウンセリ
ングを担当している。

こうした支援を実施しているなかで，2008
年から次章で説明するジョブコーチ活動にお
いて，聴覚障害者が企業で働くことについて，
もちろん企業側にも課題が多く存在するが，
聴覚障害者側にももう少し「聞こえる社会」
について理解していればトラブルにならなかっ
たであろうというケースが多くみられること
に気づいた。そのため，自立活動授業や高等
部・専攻科生徒への講演などで，卒業後に向
けて在学中から学んでおくべきことについて，
ジョブコーチでの体験を説明したりもしてい
る。

スクールソーシャルワーク自体は，不登校
対応として普通学校においても広まっている
が，ろう学校の場合，不登校対応に加えて，

— 51 —

卒業後に向けて一般社会に戸惑わないように準備をするためにも，また，卒業後も連続して支援を受けていくためにも，SSWの導入がぜひ必要と思われる。

都立ろう学校の場合，当センターでSSWの実践活動を実施しているが，これを全国のろう学校にも広めるべく社会福祉士または精神保健福祉士の資格を有する聴覚障害当事者や手話のできる健聴者で構成している一般社団法人日本聴覚障害ソーシャルワーカー協会が，全国のろう学校でのSSW対応を進めている。

現在は，秋田聴覚支援学校と群馬県立聾学校で実施しているが，この取組はある財団から助成を受けての実施で，学校に費用の負担は基本的に求めないものである。実施を検討される学校があれば気軽に問い合わせてほしい。

4 企業で働く聴覚障害者支援

よく聴覚障害者は就労してもすぐ辞めてしまう，我慢が足りないといわれる。聴覚障害者側に問題があるように言われることが多いが，企業および健聴者社員と聴覚障害社員とのコミュニケーションの行き違いが原因であることが大きい。

当センターは，聴覚障害者関係団体で運営しているので，こうした状況を以前から把握しており，企業現場での支援の必要性を痛感していた。こうした折り，東京都が2008年から東京ジョブコーチ職場定着支援事業を実施することを発表し，そのジョブコーチに当センターの聴覚障害当事者と手話通訳士の職員2名が登録し，企業で働く聴覚障害者の支援を開始した。現在では，聴覚障害当事者2名，手話通訳士2名，合計4名の職員が登録している。

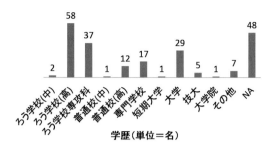

図2 支援した聴覚障害者の最終学歴。ろう学校卒業が多いが，大学，大学院卒業者も。必ずしも，日本語力と支援課題が直結しているわけではないことがわかる。

余談になるが，この事業開始当初は，ジョブコーチを聴覚障害当事者が担うことについてなかなか理解されなかった。手話のできる健聴者が担当すればそれでいいのではないかということである。そのような状況のとき，ある企業から依頼があった。聴覚障害社員の勤務状況が悪く，手話通訳を入れて何度か話し合ったり，ハローワークの職業指導員に来てもらったりしたが進展がなく，このままでは雇用継続は難しいという。そこで状況把握のため，本人および企業担当者と初回面談を実施したところ，最初は面談に積極的ではなかった本人が，聴覚障害者当事者ジョブコーチから，「自分も聞こえないのであなたの気持ちはよくわかるし，言ってくれたらその思いを会社に伝える」と説明を受けたとたん，「あなた聞こえないの？ 信じられない。今まで，聞こえる人から，お前はだめだ，変わらなくては，とばかり言われて自分の言うことが聞いてもらえず，今回もまたかと思っていた」と言いながら，気持ちをどんどん話しはじめたということがあった。

ジョブコーチ職場定着支援というと，知的障害者に対する業務習熟支援を思い浮かべがちであるが，職場定着ということを，できるだけ長く，最終的には定年まで企業で安心して働いてもらうという意味にとらえるならば，

すぐ辞めてしまう，辞めさせられてしまうという状況に置かれてしまっている聴覚障害者への支援も必要であろう。

就労している聴覚障害者への支援，正確に言うと，聴覚障害者が就労している本人と企業への支援のほとんどは，お互いのコミュニケーションの行き違いによって，就労環境に軋轢が生じてしまったケースである。

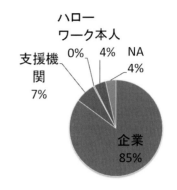

依頼元（n=218）

図4　ジョブコーチ10年間に支援した聴覚障害者218名の支援依頼元の85％が企業から。企業が聴覚障害社員の扱いに困っての依頼が多い。

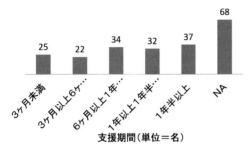

図3　企業と本人とのこじれた関係修復支援なので，支援期間が長い。

企業側では，聴覚障害という障害特性のとらえ方が，「書けばわかる」程度と思っていることが多く，採用後，書いても通じない，失礼な態度をとる，うるさい音をたてる，働く気があるのか，場の雰囲気を読まない，など，大混乱に陥っていることがある。

一方で，聴覚障害者側からは，聞こえる人は冷たい，自分をばかにしている，手話を覚えてくれない，書いてというのに書いてくれない，などの不満が多く出る。

ジョブコーチ支援の詳細は，文部科学省発行の「特別支援教育65号平成29年春号」に聴覚障害者側の課題を中心に執筆したので，参照していただきたい。

企業側の課題については，企業を訪問して聴覚障害の特性を説明し，具体的にはそこで雇用している聴覚障害者に合わせた対応の仕方をお願いしたりしている。全く理解を示してくれない企業もあるが，ジョブコーチを依頼する企業の場合は聴覚障害者への対応に困っての依頼なので，かなり真剣に聞いてもらえ，対応してくれることが多い。

聴覚障害者側の課題についてはどうか。例えば，「おはようございますと言ったのにあいさつを返してくれない，無視された」という聴覚障害者に状況を詳しく聞くと，パソコン作業中の健聴者社員にあいさつしたが返してくれなかったということであった。「聞こえる人は，こうしたときわざわざ振り向いてあいさつしないこともある。パソコン画面を見たままで，おはようと言っている」と説明すると，納得してくれることもある。こうしたときは，聞こえる社員にも，なるべくわかるようにあいさつしたりしてほしいとお願いするのはもちろんである。

ただ，聴覚障害者特有の漏れ声やいすをひきずる音など，本人がフィードバックできないために起こす音に驚いて本人を見てしまう健聴者社員に対して，「自分を見た，ばかにしている」と感じたり，聞こえる人同士が会話しながら笑っているのを見て「自分のことを笑っている」と思い込んだりするような場合は，説明してもなかなか納得してもらえな

― 53 ―

い。

その他，急病で休みをもらうための連絡メールに「頭痛のため休みます」としか書かなかったり，人事面談で部長に対して「友達から，この会社はあぶないと聞いたが本当か」と言ってしまったり，こういう状況に対して戸惑っている企業担当者を見るたびに，どうにかしなくてはならないと以前から考えていた。

5 聴覚障害者のための就労移行支援事業

ジョブコーチは就労した後の支援であり，就労前の支援の必要性を東京都に相談したところ，障害者就労移行支援事業所の指定を受けてみたらどうかというアドバイスをいただいた。障害者就労移行支援事業所そのものは都内（全国）に多くあるが，聴覚障害者に対応でき，職員全員手話が通じ，聴覚障害当事者職員も所属する組織はほとんどない。さらに，当センターは，聴覚障害関係団体で運営している公益社団法人に属し，都立ろう学校でのSSW実践活動とジョブコーチ支援の10年の経験を有しているという実績があった。聴覚障害者で知的障害者対象の就労移行支援事業所に通所している人がいるが，コミュニケーションが通じないのでお客さん状態になっているという声もあり，これも聴覚障害者のための就労支援事業を実施する後押しになった。

当センターの就労移行支援事業は，ジョブコーチの経験から，パソコンや簿記などのビジネススキルの向上も大切であるが，「聴覚障害を知らない聞こえる人たちの社会」にどのように付き合っていくかを学習し，総合的なコミュニケーション力を向上させることのほうが重要であると考えている。

訓練は，平日9時半から15時までの実施で，午前中は就労スキル学習や講義，午後はグルー

プワーク形式でコミュニケーション力向上を図ることにしている。グループワークでは，例えば，体調を悪くして休む場合のメールの仕方を話し合ってもらい，その過程で出されたいろいろな意見を学ぶようにしていきたい。結論を出すのが目的ではない。これは，発達障害者向けの専門的なプログラムを聴覚障害者向けに改善したものだが，発達障害者も，人付き合いやコミュニケーションをとることが苦手な人が多く，聴覚障害者の課題と似ている部分がある。

こうした学習を約6ヵ月の間受けてもらい，その後企業実習に移る。聴覚障害者の就労課題の一つに，採用時のマッチングミスが見受けられるので，実習前に企業には聴覚障害の特性を十分理解してもらうようにし，実習期間も3か月から6か月と長期間を設定し，その間も企業と本人とのコミュニケーションに行き違いがないように支援していく。実習に協力してもらう企業については，ジョブコーチを実施してきた10年間でお付き合いのあった企業を中心にお願いする予定である。

実習が終了し，企業も本人も問題ないと判断すれば就労ということになるが，就労後も定着支援を実施し，企業は本人を戦力として雇用継続し，本人はこの会社に就労できてよかったと感じながら就労継続できるようにしていきたい

2007年からの都立ろう学校でのSSW実践活動，2008年からのジョブコーチ支援，この10年間の実績により，新たに聴覚障害者に対する就労移行支援事業を2018年4月より開始することになったが，この事業により一人でも多くの聴覚障害者が安心して就労し，学校卒業から定年までの約50年を当たり前の都民として生活できるようになってもらえたらと思っている。

聴覚障害者のための就労移行支援事業
RONAスクールをはじめます！

聞こえないことをうまく説明できるかなぁ…
どうやってコミュニケーションをとったらいいんだろう…
困った時にはどうしたらいいんだろう…

筆談がうまくできるかな心配…

就労移行支援でお手伝いします

作業支援
- パソコン基礎、清掃
- ビジネスマナー
- 資格取得

コミュニケーション支援
- 聞こえる人の啓誘って？
- 会社で伝わる文章
- 様々な情報保障

求職支援
- 就業生活の希望を整理
- ハローワーク活用支援
- 面接練習

職場開拓（企業）
- 聴覚障害の理解啓発

職場定着支援
- 就職後のフォロー

施設外実習

支援ネットワーク作り

家族　学校　地域支援機関

利用期間：最大2年間
（2018年4月開所予定）

・当センターでは、2008年から東京ジョブコーチ場定着支援事業（東京都補助事業：公益財団法人東京しごと財団委託事業）に相談支援員が登録し、都内在住・在勤の聴覚障害者へジョブコーチ支援を行ってきました。
・その10年間の支援実績から、聞こえないひとが自分の力を発揮し、聞こえるひとと一緒に働くために必要な準備を支援します。
・すべての支援を、手話を中心または利用者に合わせたコミュニケーションで対応できます。

公益社団法人東京聴覚障害者総合支援機構　東京聴覚障害者自立支援センター
〒150-0011　東京都渋谷区東1-23-3　TEL 03-5464-6058　FAX 03-5464-6059
Mail soudan@ap.wakwak.com　JR渋谷駅より徒歩12分

利用の流れ

相談　・メール、またはFAXで必ず予約をしてください。
・メール soudan@ap.wakwak.com　FAX 03-5464-6059

予約　・職員が、支援内容を詳しく説明します。

見学　・実際に通う場所を見学できます。

面談　・お住まいの市区町村の役所の障害福祉課等で、受給者証の申請手続きをします。

受給者証申請

利用開始　・受給者証が発行されたら、利用開始できます。

Q＆A

お金はいくらかかるの？
ほとんどの方が無料で受講できます。ただし、収入の状況により自己負担が発生する場合があります。詳しくは下記の表をご覧下さい。
・手当の支給はありません。交通費はお住まい市区町村によって補助がある場合があります。

利用者料金表

区分	世帯の収入状況	負担上限額
生活保護	生活保護受給世帯	0円
低所得	市町村民税非課税世帯（注1）	0円
一般	市町村民税課税世帯（所得割16万円（注2）未満）※入所施設利用者（20歳以上）、グループホーム、ケアホーム利用者を除きます（注3）	9,300円
一般	上記以外	37,200円

(注1) 3人世帯で障害基礎年金1級受給者の場合は、収入が概ね300万円以下の世帯が対象です。
(注2) 収入が概ね670万円以下の世帯が対象となります。
(注3) 入所施設利用者（20歳以上）、グループホーム、ケアホーム、グループホーム・ケアホーム利用者の場合、「一般」となります。
※渋谷区の利用者ネットワークっては減免になるので、お住まいの地域の福祉事務所にご相談ください。

利用の減免

種別	減免の内容
18歳以上の被扶養者	障害のある方とその配偶者
障害児（施設通所者は18,19歳を除く）	保護者の属する住民基本台帳での世帯
（施設通所者は18,19歳を含む）	

どんな人が通えるの？
・原則として18歳から65歳の聴覚障害者であれば利用できます。ただし、18歳未満でも受けられる場合があります。
・東京都以外の在住の方も、毎日センターに通えるのであれば大丈夫です。
・身体障害者手帳がない方は、お住まいの地域の福祉事務所にお問合せ下さい。

投　稿

難聴児の自己認識の多面性
—児童期の難聴児へのインタビュー調査を通して—

福山市難聴児言語訓練教室
指導員　**塩沢　光江**
（しおざわ　みつえ）

1　問題と目的

　通常学校の難聴学級に在籍する難聴児が増加している（岩田，2012）ことで，難聴児が自己や障害について感じたり考えたりする機会が増えていると思われる。健聴児と共に学び過ごす中で，健聴児に対して「怖い」，「何を話すかわからない」などと感じ，健聴児と話をしない難聴児がいる。難聴児は，自己や障害についてどう思っているのだろうか。そして，難聴児に必要な支援とはどのようなものだろうか。

　田丸（2006）は，「自己は単独で存在するのではなく，他者との関係において存在し変化する過程と考え」，「自己そのものを明らかにしようとするのではなく，その存在条件を明らかにしよう」とした。このことは，難聴児の自己認識の研究においても他者とのかかわりが重要であることを示唆している。そこで，難聴児の自己認識をとらえようとする時，難聴児本人がとらえた「自分から見た自己」と，難聴児が身近な他者とのかかわりを通して複数の視点からとらえた「他者から見た自己」についての検討が必要だと考えられる。

　本研究は，難聴児本人へインタビューを行い，難聴児の自己認識をとらえることを第一の目的とする。そして，自己認識の過程において，自身の難聴という障害の認識がどのよ

うにかかわるのか検討することを第二の目的とする。

2　方法

(1)調査協力者　難聴学級在籍の難聴児1年生〜6年生10人である。補聴器，あるいは人工内耳を装用しており，その状態での平均聴力レベルは26.5dB〜38dB，日常生活におけるコミュニケーション手段は主に音声言語である。

(2)調査時期と場所　2016年10月，教室にて調査を行った。

(3)手続き　難聴児への1対1のインタビュー調査とし，調査についての説明は絵と文字を示しながら口頭で行った。質問は，1語目から聞き落しや見落としがないよう配慮し，質問が理解できていないと判断した場合は再度伝えた。回答内容が理解しにくい場合は「詳しく教えて」と声をかけたり，理由を聞いたりした。1つでも多くの回答を得るため，次の質問に移る前に「他にもある？」と声をかけ，「ない」という意思表示があった場合に次に移った。1人あたりの所要時間は20分〜60分程度で，インタビューの過程は同意を得た上で録音した。

(4)質問項目

　①　「あなたは自分のことをどんな人だと

思いますか」

② 「あなたの家族はあなたのことをどんな人だと思っていますか」

③ 「あなたの先生はあなたのことをどんな人だと思っていますか」

④ 「あなたの友達はあなたのことをどんな人だと思っていますか」

⑤ 「授業中に聞こえない時やわからない時がありますか」

⑥ 「友達と一緒にいる時に聞こえない時やわからない時がありますか」

⑦ 「聞こえないと困ることがありますか」

3 結果

(1)「自分から見た自己」

ここでは，質問項目①について検討する。

① あなたは自分のことをどんな人だと思いますか——「どんな人だと？うーん，…うーん，どんな人だろ？」，「趣味とかでも？音楽とか好きで，結構人見知りだけど，初めて会う人にも，ちょっと大阪ギャルって感じで」——大阪ギャルってどういうこと？——「まあ，ギャルみたいな感じで，人見知りだけど，ギャルみたいな感じで，いろいろ…」——言っちゃう？——「うん。」——他にもある？——「耳が不自由。あとは，うーん，誰でもかまわずぺちゃくちゃ話をする」

これは，「自分から見た自己」についてのA児（6年・女）の回答である。5個の回答を示し，その中には「障害」についての自発的言及を示す「耳が不自由」という回答が見られた。

他の難聴児の回答は，B児（5年・男）は「好きなことがたくさんある」，「優しい」，C児（5年・女）は「うーん，わからん」と述べた。D児（4年・女）は「知らない」，E

児（4年・女）は「おもしろい人」，「怒りんぼなとこ」と回答した。F児（3年・男）は「強い人」，G児（3年・女）は「力強い，心が強い人」，H児（3年・女）は「友達を誘う人」，「学校で先生が書いたことをすぐにノートに写す」と回答した。I児（2年・男）は「わからん。どんな人って？」と述べた。J児（1年・女）は「自分のこと？子どもだよなあ」，「好きな人？」と述べた。回答数はそれぞれ1〜2個で，「障害」についての自発的言及を示す回答は見られなかった。

(2)「他者から見た自己」

ここでは，質問項目②，③，④について，A児の回答を検討する。

② A児は家族の中から母を選んで回答した。

② あなたのお母さんはAちゃんのことをどんな人だと思っているかな——「たぶんね，わがままで，うるさい子。結構いっぱいしゃべってるから」——それはお母さんにいっぱいしゃべるからってこと？——「（うなずく）それにお母さんとお姉ちゃんがお父さんと話してる間に，ずっと話したいことがあるのに，ずっと待ってもう，1分経過，2分経過，10分経過，まだ話してる。ママ，もう！って話しちゃう」——Aちゃんは3人が話してるときにずっと待ってるってこと？——「私が入ったら話がわからんし，ごはん食べてる時とか，え？何の話ってことになるから入らないけど…（省略）って言うか，一緒に話しても何の話かさっぱり分からん。聞いてますけど何の話か全くわからん」

A児は「母から見た自己」について，「わがまま」，「うるさい子」と2個の回答を示した。そして，「私が入ったら話がわからんし」，「何の話ってことになるから入らない」と述

べた。

③　A児は，通っている小学校の先生の中から校長先生を選んで回答した。

　③　校長先生は，Aちゃんのことをどんな人だと思っているかな──「難聴学級で，よくしゃべる子？あのー，誰かまわず，私，よくしゃべる子？かな，たぶん。フレンドリーって感じ。誰にでもフレンドリー」──それは，Aちゃんがそう思ってるんよね？他にもある？校長先生は，Aちゃんのことをどんな人だと思っているかな──「わかんない，もう！」──うん，わかった──「あとは，本人に聞いてください」

　A児は「校長先生から見た自己」について，「難聴学級」，「よくしゃべる子」，「フレンドリー」と3個の回答を示し，その中に「障害」についての自発的言及を示した。

④　A児は，友達については，難聴児の妹K（2年生）を選んで回答した。

　④　KちゃんはAちゃんのことをどんな人だと思っているかな──「本人に聞いてください。来るでしょ，後で1時間後…」──今，いないから，それを言ってほしい──「わかんないよ，もう。友達としかわかんない。面白い子や，年上とか」──って思ってる感じかなあって？──「わかんない」──わかんないんだあ，…わかった──「あ！同じキャラクターが好き。キャラクターって言うより，人物。歴史ある人物じゃないよ，こういう人とか（室内にある伝記を指差して）。ゲームのキャラクター。」

　A児は「友達から見た自己」について，最初に「本人に聞いてください」と述べた後，「友達」，「面白い子」，「年上」，「同じキャラクターが好き」と4個の回答を示した。

(3)障害の認識

　ここでは，質問項目⑤，⑥，⑦について，A児の回答を検討する。

⑤　授業中に聞こえない時や分からない時がありますか──「放送は聞けなくても，給食の献立とか，メニューが多いから，別に聞かなくていい。でも地震の津波とか，重要なことは友達に教えてもらって」，「授業はFMマイクがあるし，L先生の声，慣れてるし。」──聞こえない時はどうするの──「もう無視。あきらめる。面倒くさいから。」

⑥　友達と一緒にいる時に聞こえない時や分からない時がありますか──「ある。複数の人が話しかけてきたり，自分がよそ見している時に話しかけてきたりした時は，話している人に聞く。でも，友達の時も，もうめんどくさくてどうでもいいやの時は聞こえてわかったフリをする。親しい友達とかは話している人や近くにいる人に聞くことが多い。遠慮しない。でも，クラスメイトのあんまり話したことない人や，親友と思われてないかもしれないなと思った時は聞こえてわかったフリをする。遠慮してる。」，「（自分自身を）出そうと思ってもそれがなかなかねえ…。ちょっと恥ずかしがりなんですよ，私」，「人見知りなんだけど，こいつならやっていけるなと思ったらバンバン話す」，「自分から話しかけなくても相手の方から話しかけてくるんで，どうなんじゃろと思って，聞こえてわかったフリをする。相手はいっぱい話しかけてくるけど，ちょっとまだ遠慮…」──『それ何々？』とか『もう一回言って』とか──「は無理です。結構，交流では私のイメージが全く違うんで，そのイメージを

保つために。交流の男子だったら適当な話でいいけど」——どんなイメージですか——「難聴学級では活発とか好奇心旺盛とか，B型っぽい。そのままB型，元気な方。でも交流ではクールな方ですね，そのまま無口，あんまりしゃべらない。でも時々，難聴学級で遊んでいるところを友達に見られると…」

⑦ 聞こえないと困ることがありますか——「あんまり聞こえないっていうのが当たり前ですから，私は。だからそんなに困るっていうのは…。でもやっぱり聞こえた方がいい。でも自分にとっては当たり前ですから，何でもいいかな」——どうして聞こえる方がいいと思いますか——「聞き落としがないから。でも聞こえにくくてよかったなと思うこともある」——それはどういうこと？——「周りがうるさい時とか，補聴器のスイッチ切ったら何にも聞こえんけえ，それはそれでいいなって。落ち着くし。みんなから，便利だねとか言われる。みんなふざけたらうるさいって言うけど，私だったら切ったら静かだし，誰にも迷惑かけんし，自分だけ得するけえ。」

4 考察

(1)難聴児の自己認識

　ここでは，難聴児の自己認識について，自己認識に「障害」の認識がどのようにかかわっているのかについて，検討する。

　児童期以降の子どもの自己認識は，年齢とともにより深化することが知られている。身体的な特徴を中心とした表層的な理解から，心理的な特徴を中心とした深層的な理解へ移行するというのが一般的な発達傾向である（佐久間・遠藤・無藤，2000）。A児は，自己

について，「人見知りだけど」，「誰でもかまわずぺちゃくちゃ話をする」という対になる心理的な特徴や「障害」についての自発的言及を示し，多面的な自己を持ち合わせていることを認識していると言える。家族についての回答の中に，「私が入ったら話がわからんし，ごはん食べてる時とか，『え？何の話？』ってことになるから入らない」，「一緒に話しても何の話かさっぱり分からん。聞いてますけど何の話か全くわからん」などが見られた。家族の中で自分一人が聞こえないという体験によって自己と家族の違いに気づき，「障害」を持つ自己の認識を深めたと考えられる。先生，友達についての回答は，心理的な特徴に加えて，「友達」，「年上」，「同じキャラクターが好き」と身体的な特徴なども述べている。先生とはフレンドリーに話し，友達とは好きな物を共有するが，そこには家族には見られなかったA児と他者との距離感がある。A児は他者によってかかわり方が異なり，それによって認識する自己も異なっていると言える。

　「自分から見た自己」において，「障害」についての自発的言及を示したのは，10人の難聴児の中でA児のみであったことから，「障害」を自己の一つととらえるのは高学年からであると考えられる。低学年は，「障害」についての自発的言及は見られず，自身の行動や他者のことばを自己ととらえる回答を示したことから，自己認識そのものが未発達で，「障害」を持つ自己を認識する段階ではないと考えられる。「他者から見た自己」においては，「障害」についての自発的言及をA児，B児（5年・男），F児（3年・男）が示した。かかわる他者によって自発的言及の有無は異なったが，他者からどのように見られているのか，そして，自己と他者との違いを意識することが，「障害」の認識につながると

考えられる。

　A児にとって難聴という「障害」は、「聞いてますけど全くわからん」という「困難なもの」であった。多面的な自己認識を示すA児は、「障害」に対しても多面的な認識を示した。「聞こえないと困ることがありますか」と質問された時、「聞こえないっていうのが当たり前ですから、私は。だからそんなに困るっていうのは…」と回答した。聞くことを常に求められる難聴児が聞こえない自己を認識し、それを「当たり前」と述べたのである。その後、「でもやっぱり聞こえた方がいい。でも自分にとっては当たり前ですから何でもいいかな」と述べ、葛藤する様子も示した。また、「周りがうるさい時とか、補聴器のスイッチ切ったら何にも聞こえんけえ、それはそれでいいなって。落ち着くし。みんなから、便利だねとか言われる。みんなふざけたらうるさいって言うけど、私だったら切ったら静かだし、誰にも迷惑かけんし、自分だけ得するけえ」と述べた。聞こえる自己も聞こえない自己もどちらも自己であると認識し、「障害」は「困難なもの」であるが、「便利なもの」、「得するもの」でもあるととらえたのは、A児が持つ「障害」の認識であり、難聴児の自己認識の特徴と言えるのではないだろうか。

　A児は、他者とのかかわりによって自己と他者の違いに気づき、多面的な自己認識を示し、その一つとして「障害」を持つ自己をとらえた。そして、「障害」についての一般的な認識と、「障害」を持つ自己について、聞こえる自己と聞こえない自己を認識しながら、自身の「障害」の認識を深めていった。他者の存在と「障害」の認識によって自己を見つめ直し、新たな自己認識を持つことに至ったと考えられる。

(2)難聴児に対する支援の在り方

　ここでは難聴児に対する支援の在り方について、A児の回答から家族、特に親のかかわり、そして、支援者の役割を述べる。

　難聴児の家族は、難聴児本人を除くと健聴者であることが多い。家族の中でも親は、我が子が聞こえないとわかった時から密接した親子関係の中で信頼関係を築き、我が子が音を聞いて理解し、ことばを身につけ、思いや考えを相手に伝えられるようにと懸命に努力する。難聴児にとって最も身近であり密接な関係を持つ親が、難聴児の認識している自己を受容し、理解することは、難聴児がさまざまな他者とかかわり、「障害」を持つ自己を含めた自己を認識していく時に重要なことである。A児は心理的な特徴を示す自己を認識しており、自己認識も「障害」の認識も多面的であった。親の感情や、親が自分のことをどのようにとらえているかについても認識を示していると考えられる。そのような時期に、親に自己を理解してほしいと考えるのは当然であろう。難聴児が認識した自己を親も受容し、理解することは、難聴児の精神を安定させ、発達を促すことにつながると言えるのではないだろうか。

　難聴児を取り巻く多数の健聴児者の中で、難聴児が不安なくコミュニケーションが取れる環境を作ることが、先生をはじめとした支援者の役割であると考える。難聴児が表現した自己を理解し、受容し、そして深める。また、難聴児の、話したい、聞きたいという思いを受け止め、それを周りにつなげていくことと、健聴児との仲介役として、双方の思いを伝え合うことが必要である。そして、変化する難聴児の自己認識を受容し、「障害」の認識をし始める難聴児の「障害」に向き合う思いを理解することも重要だと考える。

5　今後の課題

　今回の研究で，「障害」の認識についての質問項目は「聞こえないと困ることはありますか」であった。これは健聴者側に立った質問の仕方ではなかっただろうか。「聞こえないのは困ること」と難聴児に認識させるかもしれないし，その回答の有無によって「障害」の認識の有無を判断することは困難だと考えられる。また，今回の研究で，難聴児の自己認識に家族とのかかわりの重要性が示されたことから，家族構成や家族間でのコミュニケーション状況の把握も必要であると考える。今後はこれらについての検討を重ね，さらに難聴児の自己認識の特徴を明らかにしていきたい。

6　まとめ

　本研究によって，難聴児の自己認識には家族，難聴児，健聴児などの他者とのかかわりが重要であり，他者によって認識する自己や表現する自己が異なることが示された。難聴児の自己認識は，低学年は，自身の行動や他者のことばを自己ととらえ，「障害」についての自発的言及は見られなかった。高学年は，身体的な特徴や心理的な特徴を述べ，「障害」の認識も多面的であった。自己認識と「障害」の認識が絡み合い，聞こえる自己と聞こえない自己を認識することで，自己の見つめ直しが始まると考えられる。そして「障害」の認識の深まりとともに，さらに多面的な自己認識が示されていくのである。

　最後に自己について書いたA児の作文を紹介する。

「私ってどんな人？」

　私ってどんな人なのか。自分で思うとよくわからない。でも思ったことを書く。

　私は難聴。生まれつき耳が聞こえない。不便な時はあるが，そんな私を嫌いだとは思っていない。また，私の周りにいる普通の人をうらんだりもしない。友達もいるし，家族もいる。みんな，私を受け入れてくれる。だから幸せだ。

　次に，私の性格は満足するまであきらめないのだ。実際に，気になった小説を読み，ハマったから一日中読んだ時があるのだ。あきらめが悪く，頑固なのか。それとも，最後までやり遂げる性格なのかわからない。そして，私はもらったものは捨てない，というか捨てられない。自分で買ったものは平気で捨てられるのに，もらったものはとても大切にしている。なくなれば必死に探すくらいだ。心がこもっている感じがするから。（中略）

　私ってどんな人？自分で考えると意外に難しい。でも，だいたいこんな感じだなと思うから，ありのまま思ったことを書いた。この作文を読んでくれたすべての人へ。

「あなたから見て，私ってどんな人？」

文　献

田丸敏高（2006）「子どもの自己形成と大人社会」，監修：上里一郎，編：都築学，『思春期の自己形成－将来への不安のなかで－』，ゆまに書房，19－44.

佐久間路子・遠藤利彦・無藤隆（2000）「幼児期・児童期における自己理解の発達：内容的側面と評価的側面に着目して」，『発達心理学研究』，第11巻，第3号，176－187.

岩田吉生（2012）「聴覚障害児の教育環境における課題－ろう学校および通常の学校での教育環境－」，愛知教育大学研究報告，教育科学編61,19－25

追記：本研究は，「児童期における難聴児の自己認識の発達－難聴児と健聴児へのインタヴュー調査を通して－」2016年度福山市立大学大学院教育学研究科修士論文の一部を修正・加筆したものである。

◆シリーズ◆ろう教育人物伝⑦

はじめの人物　松江私立盲唖学校

福田　与志
（ふくだ　よし）

（1872～1912年）

　福田与志（別名ヨシ。以下与志）は，日本で唯一女性が創設した盲唖学校，松江私立盲唖学校（現島根県立ろう学校・島根県立盲学校）を創設した明治末の盲唖教育家である。

　与志は，福田清七とイソの一男三女の次女として鳥取市元大工町に生まれた。兄平治は与志の盲唖教育を後援し，後に「愛隣社」を設立，山陰地方での社会事業に貢献した。

　福田家は，油の行商から始めて，数代前から鳥取藩主池田侯の御用貨物を鳥取から京阪へ月3回回送する三度御用を家業とし，併せて国産品の販売委託などを手広く行っていた名家である。維新後，鳥取県庁の用度を引き受け，舶来品など欧米の物質文明を広げる役割を果たした。

　1876年，府県廃合で，鳥取県，浜田県が島根県に合併され，松江に県庁，鳥取に支庁が置かれた時，支庁長官邸として福田家が指定された。1878年，一家で協議し父が鳥取に残り，祖父母は兄平治を連れて松江に移住した。祖父は，松江の県庁前に活版所「博廣社」を開設し，県庁が発令する諸規則などを活字印刷で出版する版刻出版業を開始した。

　しかし，活版術の先駆者である祖父が9月に病没，翌年5月に父が33歳で死去する。平治は14歳で当主となった。11月，長女チカを母の実家に預け，三女タミを里子に出し，曾祖母琴，母，与志は，兄と祖母のいる松江に移る。家族がバラバラになったこの時から，兄と妹は互いに深く支え合うことになる。

　平治には，家業の再興が何より優先された。祖母仲と老番頭を支えに，17歳で上阪して印刷事業を視察修業，19歳で結婚，23歳の時には実業雑誌その他の出版に漸く成功し，家業を軌道に乗せることができた。

　与志は松江に移住後，1880年2月に島根県女子師範学校付属小学校に入学する。その時，教生に来た錦織竹香（後の奈良女子高等師範学校教授）と出会い，強い感化を受ける。1886年に県から表彰される程成績優秀で初等科を卒業した与志は，14歳という異例の若さで島根県師範学校に入学する。ここで2人目の恩師である成相伴之丞に出会う。18歳で卒業した与志は，本庄小学校訓導となる。

　そこで，未就学の聾女児石橋ハルが学校に遊びに来るのを見て心を痛め，相手をしていた。

　1890年に英語教師ラフカディオ・ハーンや英国宣教師B・F・バックストンが来松して活況を呈していた松江市は，1893年10月，未曾有の水害に襲われた。宍道湖一帯は浸水3m，死者54名，家屋流出288戸，浸水家屋19,133戸という惨状であった。街頭には一家離散の果て，半裸体で，葬儀の供物や食物を乞い歩く孤児の集団が出没した。1895年10

月に頼りにしてきた祖母仲を失った平治は，孤児らの救済を求めて奔走するが容れられず，仏教に頼るが得られなかった。岡山育児院院長石井十次の手記を熟読して，平治はキリスト教を知り，1896年3月「松江育児院」を設置する。山陰鉄道大規模鉄道敷設計画が着工し，基督教団は工事人夫らへ熱心に布教していた。この年，平治はバックストンにより受洗する。平治は，金儲けと育児事業は両立しないと悟り「救児事業はパンのみの問題に非ず。破壊せられた人の子の霊性を回復すべき一大事業」と，成功していた家業の博廣社を売り払い「松江育児院」事業に専念する。また，日本人で最初の音楽伝道者三谷種吉とともに1898年に讃美歌集『基督教福音唱歌』を編集出版している。「主のことば」を「ともにうたう」ことは平治の魂の救いでもあった。

平治の決意で，与志自身もまた盲唖児の救済を決意する。1897年に，師範学校での恩師成相の紹介で京都盲唖院長鳥居嘉三郎に会い盲唖教育研究の志を述べ，快諾されて2ケ月間盲唖教育視察研修を行う。与志は，1898年本庄小学校を退職し1899年1月，日本聖公会松江基督教会で受洗，マリア福田ヨシとなる。信仰を得て，2月末に京都盲唖院助教諭となり，聾児石橋ハルを入学させ1年間在職する。「山陰道に盲唖学校を興したい」との与志の希望を知る鳥居院長は東京盲唖学校勤務を勧めた。1900年，与志は上京し東京盲唖学校教員練習科に入学，伊澤修二にも学ぶ。

1901年京都盲唖院に帰り4年間訓導として在職，ベルの視話法で教え，渡辺平之甫とともに聾教育の双璧となる。教え子11人の中に日本聾唖協会初代会長藤本敏文がいる。

1905年4月帰松。5月20日，独力で松江市母衣町48番地に松江私立盲唖学校を開く。自分も教員2人も無報酬で，盲児4名聾唖児7名を教え始めた。盲唖学校で27番目，現存する全国聾学校で13番目の創立である。

1907年5月，「松江私立婦人会盲唖学校」と改称，経営上の責任は教諭の与志のまま，校主は松江婦人会会長松永知事夫人がなり，9月には閑院宮妃殿下から，金品が下賜せられた。与志は婦人会移行を残念に思って藤本にも漏らしている。が，学事年報には，1908年経営総額726円60銭3厘，収入99円90銭とあり，補助金600円で経営は楽になったことと推される。1909年，山陰盲唖保護会が結成され貧窮児の学費補助を受けて，1911年，財団法人松江盲唖学校となる。新校長は師範学校長が兼任した。この間も与志は口話法で教え全国聾唖教育会に議題提出している。

1912年7月，寄宿舎が完成し独身の与志は舎監を兼務して聾児らと共に起居した。7月23日，腹部疾患及動脈硬化症を併発し，11月28日，氷雨の降りしきる夕べ午後6時30分，寄宿舎の1室で享年41歳で昇天する。

葬儀には鳥居が駆け付け，1時間余の長い弔辞を読んで愛弟子の死を悼んだ。「箪笥には夏冬1枚ずつの着物しかなかった」と語り継がれ，1935年，盲唖学校に頌徳碑が建った。

「与志先生はお母さんとおなじか」と問われたハルは「お母さんとお父さんを足したより，もっとありがたい」と答えたと言う。

（坂井美惠子）

〔参考文献〕
福田平治（1967）「ありのまま記」
松江女性史を学ぶ会（2001）福田与志資料集
京都府盲聾教育百年史（1978）
写真資料：島根県立松江盲学校HP

連載 「教えて！佐和先生」

第8回　幼児期に関わる相談④

筑波大学名誉教授
齋藤　佐和
（さいとう　さわ）

　聴覚障害のあるお子さんを育てていくなかで出会う悩みや疑問にＱ＆Ａのかたちでお答えするコーナーです。お子さんの健やかな成長には家族の元気が何よりです。そのために少しでもお役に立てれば幸いです。今回は幼児期後半に関わる相談です。

Q ある講演会で，「耳学問」とか「雑学」が，生活したり言葉を身につけていく上で大事で，聞こえにくいことでそれが不足しがちとも聞きました。具体的にはどんなことでしょうか。また家庭で気を付けるといいことは何でしょうか。

A 「耳学問」「雑学」，少し古めかしい感じですが，もとは大人の世界の世間知のような，ちゃんと学ぶわけではないが聞きかじって知っていることを指します。学習して得る知識より一段低く見られがちですが，「雑学」は，言葉が自分で見たり経験したりした範囲に限らず，自分の知らない（経験しない）情報や生活的知識を運んでくることで可能になるものです。「雑学」が大事というより，そういう言葉の働きの出現が大事だと言えます。

　幼児期の後半ではだんだんコミュニケーションの量も相手も増えてきて，他の人の経験やテレビや本などで見たことが言葉中心で伝えられても分かるようになってきます。このような内容を聾学校では昔から間接経験とよんで，直接経験について言葉で分かるようになってきたら，次第に間接経験を話題にすることを増やし，話し合いの幅を拡げることに努力してきました。それが，やがて始まる学習を受け入れる素地にもなります。

　耳からの入力中心なら聴覚障害があることで不利が生じますが，言葉で間接経験が伝わることの方が主眼だと考えると，視覚的手段の併用や，関係する物や写真あるいは言葉によるヒントなどでかなり補えるものです。大事なのは，耳がよく使えるお子さんも含めて，この年齢段階では，多様な話題についてしっかり対面して話し合うことだと思います。

　家庭で，むしろ家庭でこそ出来ることもたくさんあります。昔話も含めて両親自身のこと，家族や親戚のこと，テレビ等で見た様々なニュースや同年齢の子どもが関心をもって

いるようなこと等々，家庭内井戸端会議のつもりで毎日短時間でも話し合ってください。関わる家族や知り合いのメンバーが多いほど，話題の幅は拡がると思います。ただし，複数のメンバーがいちどきに話さないようにする心遣いは必要です。その中で，知らなかった言葉や言い回しも取り込まれ，狭く捉えていた既知の言葉の意味もだんだん拡がります。言語指導とは思わず，話し合いを楽しむチャンスであるよう願っています。

書き言葉を身につけるためには，話し言葉が十分育っていることが大事だと聞きました。話し言葉がうまく育っていなくても，頭の中に言いたいことがあり，それを文字で書くことができるようになれば，書き言葉も身につくのではないでしょうか。

A 書き言葉習得のためには話し言葉が十分育つことが大事だというのは，正しいとも言えますが，一面的な見方だとも言えます。話し言葉で表現する力が書き言葉の土台になるのは確かですが，聴覚障害児の場合は，話し言葉と書き言葉とが助け合うようにして言語力（日本語力）を伸ばしていくものだと思います。ただ書き言葉の方が自然に一拍遅れになります。話し言葉では言いたいことを自分の身体を使って即時に表現するのに比べ，書き言葉には文字という道具が必要なため，自発的発信という点で幼児には困難だからです。

聾学校幼稚部では，幼稚園などよりかなり早くから文字に親しみます。一文字一文字覚えるのではなく，自分や身近な人の名前，場所の名前，お天気など，意味のまとまりのある一繋がりの語や句を見て意味が分かるところから始まります。やがて絵日記などでの文表現が2語文，3語文と少しずつ長くなり，5歳児では複雑な多語文も登場するかもしれません。その場で見たり経験したりして理解していることを，話し言葉でも分かり，文字で書かれても分かるようになることをねらっています。

読むことに比べれば，書くことは，幼稚部での扱いは一般的には控えめです。指の巧緻

性の問題もあり，また言葉を文字（音節）の単位で意識できていないと難しいので，言いたいことの一部などを出来る範囲で書くくらいで，小学生になってから本格的に育てていくことが望ましいと思います。書くことへの入門期には，目の前のことや活動，さらに自分が経験したことを思い出して言ってみる，それを書く，書いたことを読み上げる，など話し言葉と書き言葉をしっかり摺り合わせていく丁寧な扱いが必要だと思います。

こういう段階を経過して始めて，こどもは頭の中にある言いたいことを文字で書くことが出来るようになると考えられます。そこまでの歩みのスピードは様々だと思いますが，話し言葉と助け合うようにしながら一歩一歩進めていくことが大切だと思います。

イラスト：臼田　摩利子

シリーズ 難聴特別支援学級・難聴通級指導教室⑫

神戸市唯一の難聴学級の取組

神戸市立神戸祇園小学校　難聴学級
教諭　**加藤　剛志**
（かとう　たけし）

1　「ともに育つ」学校，そして子供たち

　神戸市立神戸祇園小学校は近隣4校が統合され，平成27年4月に開校した学校である。兵庫県神戸市兵庫区にあり，児童数は700名強である。その中には旧湊川多聞小学校から引き続き，神戸市で唯一設置されている難聴学級（たけのは学級）をはじめ，自閉症・情緒障害・知的障害児学級，肢体不自由児学級，病弱学級といった特別支援学級に在籍している児童の他，児童養護施設2園から通う児童も在籍する。また，言語障害・難聴通級教室（湊川多聞教室）も設置されている。このように様々な子供たちが在籍し，互いに高め合いながら過ごしていける学校を目指して，教育目標を「ともに育つ」とし3年目を迎えた。

　今年度は10名の難聴のある児童（以下，難聴児）が，神戸市全域から本校に通っている。校区から通う子供は2名，その他は電車，バスなどを使い通学している。6時に起き7時前には家を出る生活を毎日している子供もいる。10名の内8名は人工内耳（両耳2名）装用，コミュニケーション手段は口話である。また，難聴学級担任は聴覚障害について専門的に学んではおらず，難聴学級設置校への赴任を機に，初めて難聴児たちに接することになった。よって，学習中は補助的に手話も用いるが，口話が主である。

　子供たちが難聴学級へ来るのは，主に学習の基礎となる「国語」と「算数」の時間である。この時間には静かな環境の中で学習するが，1日のほとんどを交流学級担任の支援のもと，自分の力で過ごすこととなる。主要な教科は特別な環境で支援を受けることができ，交流学級ではきこえに関係なく生活できる環境が本校の魅力でもある。

2　本校での特色ある取組

(1)　たけのはタイム

　通常であれば火曜日は5校時までの授業だが，6校時に自立活動の時間を設けている。10名全員が集まり，縦のつながりを大切にした時間である。手話バスケットをして「聴く」ことの大切さを学んだり，「耳のつくり」を学ぶことで障害を認識したり，また調理実習で実際にお金を使って買い物を体験したりと，「生きる力」を意識した活動をしている。また，毎年2月には集会での発表を行っている。一昨年は「スイミー」を手話表現し，昨年は「校歌」と「しあわせ運べるように」を手話をつけて歌った。難聴児にとっては全校生の前で自分たちのアイデンティティーにもつながる手話を堂々と披露することに意味があり，他の児童にとっては「手話に興味をもち」「たけのはの仲間を知る」良い機会となっている。

(2)　難聴児たちへの手話指導

　二週間に一度，ろうの講師から手話を学んでいる。ろうの方に接する大切な時間であり，口話が主となる生活の中で手話を言語としたコミュニケーションも大切にしている。私たちは，将来子供たちが自分の思いを伝える手段をいくつももっていることが望ましいと考えている。普段は思いを表しにくい子も，このときは「聴いてほしい」という思いをもって，生き生きと活動する姿が見受けられる。

(3)　**教職員への手話講座と児童への手話指導**

　教師と難聴児たちが生活の中でより密にコミュニケーションを取るために，毎月1回ろうの講師と手話通訳者を招いて教職員を対象にした手話講座を開催している。これは本校の研修に位置づけられ，内容は日常の会話の中で使われる簡単なものや，授業の中で使うと子供たちに分かりやすくなるというようなものを楽しく学んでいる。同時に通常の児童にも手話指導を行っている。講師は難聴のある学生で，4・6年生に隔週，朝の10分間に「挨拶」や「スポーツ」など簡単な単語，その時に話題になっていること，習った単語を使った簡単な文などを教えていただき，子供たちは興味をもって手話に取り組んでいた。

(4)　環境整備

　難聴児たちがモデルとなった指文字表や「耳のつくり」についてのポスターなどを掲示し障害についての理解の啓発に努めている。これらや手話指導の効果もあり，指文字表の前で自分の名前を表そうと頑張る子，手話を使って1年生に校歌を教える6年生，難聴児と手話で会話をする友達など，統合後徐々にではあるが着実に手話の広まりを感じている。

(5)　**コミュニケーション力を養うために**

　難聴児たちにたくさんコミュニケーションを取ってほしい，難聴児たちを先生方に知っていただきたいという思いから，登校後一番に「職員室に連絡ノートを届ける」ことにしている。その時たくさんの先生方と挨拶をし，声をかけてもらう。プールに入る際にも職員室に補聴機器を置きに来るようにしている。先生方はほぼ聞こえない子供たちに身振り手振りで対応することも経験する。このような経験を通して私たち教師も子供たちに「伝える」ための努力をし，子供たちにも「聴き取ろう」という気持ちを大切にしてほしいという願いを，様々な場面の中で具現化している。

(6)　**情報保障**

　「補聴援助システム」（ロジャー等）の使用は基より，学校全体で「視覚支援のある」環境づくりを目指している。朝会では校長先生が話の内容やキーワードを「見える化」しながら話し，今週の目標などを話す際にも目標を大きくしたものを示しながら話をする。集会ではクイズの内容を書いたものを示したり，マイクを上手に活用したりという姿も見られるようになってきた。また，校内放送が鳴ったときには全校生がしゃがむ。それによって難聴児たちには「放送が鳴る」という合図になり，全校生は動きを止めることで放送内容を聴き取ることに意識を集中することができる。

3　神戸市唯一の難聴学級として

　神戸市で唯一難聴学級が設置されている神戸祇園小学校。遠距離を通学してでも交流学級での生活を中心とする本校を選択された保護者の方々の思いを十分に汲み取りながら，その選択が間違いではなかったと思っていただけるよう今後も努力をしていきたい。そして，「聞こえにくい子供たちにとってわかりやすい授業・環境は，みんなにとってわかりやすい授業・環境である」ということを意識した本校の取組を増々充実させていきたい。

今，大学で
― 聴覚障害学生のサポート ―

横浜国立大学
横浜師範学校，横浜高等工業学校，横浜高等商業学校を母体に1949年に横浜国立大学として設立。横浜の港を望む，緑豊かなロケーションに位置し，「教育学部」「経済学部」「経営学部」「理工学部」「都市科学部」「教育学研究科」「国際社会科学府」「理工学府」「環境情報学府」「都市イノベーション学府」の全ての学部・大学院が1つのキャンパスにまとまっている。グローバル新時代に対応する，広い専門性を持った実践的人材の育成に努めている。

横浜国立大学 の巻

障害学生支援室・保健管理センター
講師　**福榮　太郎**
（ふくえ　たろう）

本学の特徴

　本学は，横浜市の高台にあったゴルフ場の跡地に建っています。そのため横浜駅まで5キロ程度の距離にありながら，キャンパス内も周辺も緑が多く，閑静な環境を保っています。しかし一方で，駅などの公共交通機関からキャンパスまでの間，またキャンパス内にも高低差が多く，物理的な障壁（バリア）は少なくありません。以前より本学においてもこれらの障壁の解消は順次行っておりました。しかし，2016年に施行された「障害を理由とする差別の解消の推進に関する法律（以下「障害者差別解消法」）」の施行に伴い，より積極的にバリアフリー化に取り組んでいるものの，立地条件などの物理的限界もあり，途上であると言わざるを得ません。

　また本学は，教育学部，経済学部，経営学部，理工学部，2017年より設置された都市科学部の5つの学部，6つの大学院によって構成されており，平成29年5月時点で，学部生7458人，大学院生2298人のおよそ1万人の学生たちが在籍しています。また首都圏にある国立大学という特徴もあってか，およそ3分の2の学生が県外から入学し，独り暮らしをしながら大学生活を送る方も少なくありません。

　これだけで本学の特徴を示せているわけではありませんが，立地条件などの物理的特徴から視覚障がいの方，特に肢体不自由の方には，どうしても障壁が多くなりやすい環境であること，また大学の規模，学べる学問領域，学生の暮らし方の多様性などについてお伝えできたかと思います。

これまでの障がい学生支援体制について

　次に本学のこれまでの障がい学生の支援体制について概観します。本学では「障害者差別解消法」の制定を受け，2016年に障がい学

横浜国立大学キャンパス全景

生支援室を設置し，現在まで支援にあたって
きました。障がい学生支援室の設置は2016年
とまだ１年を過ぎたところですが，それ以前
に本学における障がい学生への支援が行われ
ていなかったかというと，そうではありませ
んでした。障がい学生が入学してくると，そ
の所属学部の教職員が話し合い，工夫して肢
体不自由，視覚障がいの学生に支援を行って
いたり，発達障がい，精神障がいの学生には
保健管理センターやなんでも相談室などの既
存の学生支援を担う部署が支援を行ったりし
てきました。

　また本稿の中心的テーマである聴覚障がい
学生への支援については，特に教育学部内の
特別支援教育コースに所属する教職員が中心
となって，体制を作り，支援を行ってきまし
た。教職員が支援体制をコーディネイトし，
特別支援教育コースに所属する学生や手話サー
クルに所属する学生が協力し，ノートテイク，
パソコンテイク，手話通訳などを用い，適切
な情報保障をできる限り提供してきました。
その中で支援を受ける側も，支援する側も親
密な関係を築き，柔軟な支援が行えていたと
思われます。

これまでの障がい学生支援の課題

　ただこれまでの本学の支援は，障がい学生
が所属している間は，当該学生の在学期間に
ノウハウやシステムが洗練され，障がい学生
を取り巻く環境の側の意識が変化し，一定程
度有効な支援を行ってきました。しかし，当
該学生が卒業してしまい，しばらくその部署
に障がい学生が入学してこない空白の期間が
生じると，システムやノウハウの継承が難し
かったり，他の部署に支援のシステムやノウ
ハウを伝達することが充分に行えなかったり
という課題を持っていました。つまり支援の

構造やそのための基礎となる意識の醸成の時
間的継承と集団間の伝達に課題があったとい
えるでしょう。言い換えるなら，時間という
縦軸と，場所という横軸とを紡ぎあわせ，支
援の網を織り上げていくことが困難であり，
どうしても"点"の支援に留まりがちであっ
たと言えます。ただ，その中でも教育学部の
特別支援教育を中心とする障がい学生支援，
特に聴覚障がい学生への支援は，ある程度構
造化され，継承されていたと考えられます。
その理由の一つとして，特別支援教育の教職
員というコアメンバーに異動が少なく，仮に
支援の空白期間があったとしても，支援の構
造は保持され，特別支援教育コースという特
性から，高い意識が保持されていたのではな
いかと考えられます。そのため空白期間があっ
たとしても，支援の時間的継承が行われてき
たのではないかと思われます。ただ，支援構
造や意識の集団間の伝達というものには，課
題を残したままでした。

これまでの聴覚障がい学生への支援

　すでに述べたように本学の障がい学生支援
室は，開室からわずか１年余りであり，その
前身もなく，歴史は浅く，支援経験が豊富に
あるとは言えないでしょう。ただその課題の
存在は開室当時から理解していたため，「障
害者差別解消法」以前に本学で散発的に行わ
れていた支援の構造を如何に取り入れつつ，
障がい学生支援室を運営していくかが目標で
した。その中で聴覚障がい学生への支援は，
開室直後の我々にとって大きなモデルとなり
ました。そのため，開室当初の我々の仕事は，
この聴覚障がい学生への支援をどのように引
継ぎ，どのように展開していくかが具体的な
目標となりました。

　開室当時の本学の聴覚障がい学生の在籍は

1名であり，その学生は特別支援教育コースでの支援を受けており，すでに支援システムが出来上がっていました。支援の母体は，特別支援教育コースの教職員と，そこに所属する学生及び手話サークルのメンバーでした。そして，支援を受ける学生も，その両方の集団に所属しており，個人的な繋がりの延長上で周囲に率直に支援を打診し，応えられる学生が手を挙げ，実際の支援が行われるといった形でした。支援の内容は，ノートテイク，パソコンテイク，手話通訳などが，その場の状況に合わせて提供され，また支援したことへの対価も，教職員が何とか費用を捻出し，支払っていました。

開室当初は，このシステムを混乱させないため，支援の方法はそのままに，事務的作業と支援者への謝礼の支払いなどを，障がい学生支援室が担う形に変更し，緩やかな移行を目指しました。すでに出来上がっていたシステムを受け取るだけであったため，現実的な問題はほとんど生じず，在籍していた聴覚障がい学生への支援は，大きな混乱なく，障がい学生支援室へと引き継ぐことができました。

ただ一方で，この既存の支援は，支援を受ける側，する側が同じ集団に所属し，使用される専門用語を共有できているということが，かなりポジティブに働いていることは明確でした。つまり，専門用語が共有されていない場合，具体的には理工学部の数式などを伴う専門用語が多く話される講義などにおいて，特別支援教育コースに所属する支援学生が，ノートテイクなどの対応ができるかというと，かなり困難なのではないかと思われました。そして支援者の数も，1名の聴覚障がい学生には対応できたとしても，複数名になった場合，マンパワーが足りなくなることが予想されました。

現在の聴覚障がい学生への支援

そこで我々は，既存の支援システムが稼働している間に，つまりは聴覚障がい学生が，在籍し，ノートテイク，パソコンテイクなどの支援技術が残っている間に，他学部に所属する支援学生を募り，支援学生が様々な学問的背景を持つよう，そして支援学生の数を増やすことを目的とし，キャンパス・サポーター制度を導入しました。なるべく多くの学生が，キャンパス・サポーターになりやすいよう，謝金の提示やキャンパス・サポーターとしての委嘱状などの発行を行うことにしました。そして，本学は春学期と秋学期の二期制をしいていますが，その学期の初めに行われるオリエンテーションなどで，キャンパス・サポーターの説明を行い，支援学生を募っています。その結果，現在では約30人の学生が新たにキャンパス・サポーターとして登録し，活動を行っています。また障がい学生支援室長による委嘱状授与式も行われました。

そのような中，開室時は1名のみであった聴覚障がい学生も，現在では3名が本学に在籍しています。その内の1名は進行性の難聴であり，情報保障は受けずに修学していますが，その学生とも，どのように自らの障がいと向き合っていくかについて話し合っています。そして実際の情報保障においては，新たにキャンパス・サポーターとなった学生も，ノートテイカーとして初めての支援を行っています。

キャンパス・サポーターとして初めて登録してくれた学生は，支援の経験がないため，研修も行いました。障がい学生支援室で，ノートテイク，パソコンテイクのマニュアルを作成し，実際の研修としては，聴覚障がい学生に協力してもらい，ノートテイクを体験し，聴覚障がい学生からフィードバックを受ける

ということを行いました。また別の機会では，ノートテイクの専門家を招き，研修を実施し，少しでも質のよい支援ができるよう工夫をしているところです。

本学の聴覚障がい学生の課題と展望

　現在，本学における聴覚障がい学生への支援は，既存の支援システムがあったこと，また在籍している障がい学生が少ないことなどから，基本的に2名でのノートテイク，もしくはパソコンテイクを必要に応じて提供できています。また場合によっては，手話通訳の配置なども行えています。しかし，今後のより充実した支援の提供を考えると，さらなる支援体制の拡充が必要であると思われます。

　具体的には，すでに述べましたが，日常生活では馴染みの少ない専門用語が多く話される理工学部など理系の講義にも対応できるよう，支援学生の多様性を担保していく必要があります。また支援学生の絶対数をさらに増やす必要があり，その新たな支援学生に，ノートテイク等の支援技術を身に着けていってもらう必要があるでしょう。

　そして，このことは特別支援教育コースと障がい学生支援室の大きな差であり，また当室の課題だと思われますが，支援者間，そして支援者－聴覚障がい学生間の関係性についても，注意を払う必要があると考えています。特別支援教育コースの支援では，支援を受ける側も，支援を行う側も日常的な交流が随所にあり，非常に良好な人間関係の中，支援が行われていました。その中で育まれ，得られた信頼関係は，物理的な支援のみならず，双方に大きな学びをもたらしていました。しかし，キャンパス・サポーターを導入した後の支援では，どうしても見知らぬ人同士が，支援を受け，支援をするという場面が増えてし

まい，これまであったような双方の親密な人間関係が，必ずしも充分には築かれないまま，支援を行う時間が過ぎてしまうという事が多くありました。そのため，支援者間の交流，支援者－聴覚障がい学生間の交流を意図的に作っていく必要があるのではないかと思われます。

　今後の障がい学生支援室の役割としては，点の支援ではなく，点から継承という線へ，そして線に伝達を加えた面へと展開していくことにあると思われます。そして上記した支援を受ける側と支援をする側の関係性をより豊かにすることで，本学そのものが多様性に開かれた場となり，立体的な支援体制を構築していくことが，障がい学生支援室に与えられている役割なのではないかと考えます。

　本学の聴覚障がい学生への支援は，まだまだ現実的な課題も山積していますが，これらのことを目標とし，今後入学される学生にとって本学が少しでも豊かな時間を過ごせる場になるよう努力していきたいと考えています。

教育実践経験に学ぶ

武林靖浩
東京都出身。秋田大学卒業。平成2年東京都の聾学校に赴任する。平成12年より筑波大学附属聴覚特別支援学校高等部専攻科ビジネス情報科に勤務する。勤務の傍ら、「空飛ぶ車いす」支援事業のボランティア活動を行う。

未来のある若手の先生方へ

筑波大学附属聴覚特別支援学校
高等部専攻科ビジネス情報科教諭　**武林　靖浩**
（たけばやし　やすひろ）

専攻科で教えて

専攻科は，聾学校の生徒にとって最後の学びの段階です。乳幼児期から始まり，幼小中高の先生方に手塩にかけて育てていただいた生徒を最後に送り出す場となります。そして，その先に就職という最後に乗り越えなければならない大きな関門が立ちはだかっています。就職に向けてやるべき事は，山ほどあり，職場で必要な技能や知識を身につけさせる事は当然ながら，ソーシャルスキルを身につけさせる事が，最大の目標であるのです。

ソーシャルスキルが持つ意味は，WHOでは，意思決定・問題解決能力・創造力豊かな思考・クリティカルに考えていく力・効果的なコミュニケーション・　対人関係スキル・自己開示，質問する能力，聴くこと・自己意識・共感性・情動への対処・ストレスへの対処と言われています。これらは，大人である私でも非常に難しい内容なのに，生徒にとっては，無理難題に等しい程，大変なことです。そして，私たち教員は，簡単に生徒達に身につけろと話してしまうのです。生徒からしてみれば理不尽きわまりないことだと思います。

ある生徒が職場体験実習中に分からないことがあって（実習で扱うデータに質問をしないと出来ない内容をわざと混ぜてあるのですが）先に進めず，周りに聞くこともできずその場でフリーズしてしまったことがありました。実習前には，「分からないことがあったら必ず質問をするように」と何度も教えていたはずでしたが，学校とは違う環境に指示通りの対応ができませんでした。元々，対人関係に苦手意識を持っている生徒でしたが，実際に問題に直面すると思い通りには行かなくなるようです。このようなスキルは，実際に体験させないと身につかないものだと思います。

学校では，教員が生徒の気持ちを考えるあまり，つい先回りをして考えを引き出してしまうことが多くあります。しかし，それでは生徒は育ちません。生徒には，やらなければならない仕事や勉強がいくつもあって，生徒にとってはそれが過度な負担になるように見えます。と言って，その負担を取り除いてあげてしまったのでは，生徒は社会に出た後に厳しい環境の中で生きていくことができなくなると思います。卒業後はその場で手助けはできないのですから，教員は見守り，実体験させていく勇気を普段から持たなければなり

ません。私は以前，先輩の教師から「生徒にすぐに答えを出させてはいけない」と教わりました。生徒がもがき苦しんでいるときが一番成長するときなのです。

話は変わりますが，造形芸術科，ビジネス情報科では「空飛ぶ車いす支援事業」という，ボランティア活動をしています。これは，日本中の廃棄するような車いすを集め，その車いすを全国の高校生や大学生が整備し，ピカピカにし，車いすを買えないアジアの人々に贈るという活動です。本校では，その活動のなかの整備ボランティアを生徒会が中心になって行っています。障がいのある生徒たちが車いすを必要としているアジアの障がい者のために役立っているという経験や達成感は，何物にも代えがたいものがあると思います。中心的に活動している神奈川工科大学の学生や工業高校の生徒と整備を通して交流している様子は，いつも笑顔に満ちあふれています。活動も今年で7年目となり，そろそろ，生徒たちが実際に現地で手渡す活動を実現してみたいと考えています。

若手の先生方へ

私は，前任校で初めて正規採用されました。採用された当時の教頭先生には，何かにつけて，よく叱られてばかりいました。今思えば，新任で右も左もわからない青二才が生意気なことを言っているのを見かねて，しっかりと育てなければと厳しく指導してくださったのだと思います。その1年間は，私にとってつらい時代でした。その後，教頭先生がかわり，新しく来られた先生は，なんと新任研でお世話になった指導主事の先生でした。私は新任研でも生意気なことを言っていたことを思いだし，「これで自分は終わった」と思ったほどです。しかし，その先生は，いろいろな場面で私を認めてくれるのです。認められると

いうのはうれしいもので，その先生のためにもしっかりとした教員になろうと，どんどん努力するようになっていきました。学校の将来に向けての教育課程の編成を考えるために，若手がその先生の自宅に集まることがありましたが，その時のことは，今でも忘れられません。集まった仲間たちで，夜遅くまで議論を重ねた時の充実感は，今思い出すだけでもわくわくします。新しい学校づくりを体験させていただいたことは，今の教員生活の基本になっています。私がお伝えしたいのは，もしも今，周囲に認めてもらえないという悩みを抱えている先生がいたとしても，それは一時の我慢だということです。時がたって環境が変われば，必ず，皆さんを必要としている世界が待っています。そのためにも，投げやりな態度を取らずに，今は自分を磨く時間だと思って頑張ってください。その頑張りは，必ず報われると思います。

最後にもう少しだけ。教員生活で大切なことは，遅刻をしないことです。早く職場に着いて周りの先輩教員が何をしているのか，学びとってください。朝，生徒にどのような対応をしているのかがよくわかります。それから，何年かたつと異動することになるでしょう。異動先で言ってはいけないことは，「前任校ではこうしていた」という趣旨の発言です。せっかく良い内容でも「前任校では」という言葉で周りの教員は引いていきます。その学校の歴史や，やり方があります。まず1年ぐらいは，しっかりとシステムや考え方を学ぶ必要があります。なぜならば，皆さんは移動先では新人なのです。その学校の先輩方を尊重できない人はチームに入れてもらえないと思います。学校は，チームなのです。

偉そうなことを申し上げましたが，最後までお読みいただきありがとうございました。

第52回全日本聾教育研究大会（北海道大会）開催要項

1 大会名称 　　第52回全日本聾教育研究大会（北海道大会）

2 大会主題 　　「言語活動の充実と学力の育成を目指して」

　　　　　　　　～聴覚障がい教育の専門性の継続的発展と多様化への対応～

3 会　　期 　　平成30年10月4日㈭・5日㈮

4 会　　場 　　北海道高等聾学校　：

　　　　　　　　　〒047－0261　小樽市銭函1丁目5番1号（高等部授業公開，寄宿舎公開）

　　　　　　　　北海道札幌聾学校　：

　　　　　　　　　〒001－0026　札幌市北区北26条西12丁目（乳幼児相談室活動公開，幼稚部・小・中学部授業公開）

　　　　　　　　会議・研修施設ACU（アキュ）：

　　　　　　　　　（ACU－A）〒060－0004　札幌市中央区北4条西5丁目アスティ45　12F・16F

　　　　　　　　　（ACU－Y）〒060－0004　札幌市中央区北4条西4丁目読売北海道ビル3F

5 主　　催 　　全日本聾教育研究会　北海道聴覚障害教育研究会

6 主 管 校 　　北海道高等聾学校

7 協 力 校 　　北海道地区聾学校及び北海道釧路鶴野支援学校

8 後援（予）　　文部科学省　北海道教育委員会　札幌市教育委員会　小樽市教育委員会　全国聾学校長会

　　　　　　　　全国聾学校教頭会　全国特別支援学校長会　北海道聾学校長会　北海道聾学校教頭会

　　　　　　　　北海道特別支援学校長会　全国ろう学校PTA連合会　聴覚障害者教育福祉協会

　　　　　　　　全国公立学校難聴・言語障害教育研究協議会　日本教育公務員弘済会北海道支部

　　　　　　　　社会福祉法人全国心身障害児福祉財団　小川再治研究協賛会

9 分科会・会場　※会場に使用する会議室等は、参加状況により変更する場合があります。

① 授業研究分科会

	分科会	会場
1	乳幼児相談室	ACU
2	幼稚部	ACU
3	小学部（低学年）	ACU
4	小学部（高学年）	ACU
5	中学部	ACU
6	高等部	北海道高等聾学校
7	寄宿舎	北海道高等聾学校

② 研究協議分科会

	分科会	会場
1	早期教育Ⅰ（乳幼児）	ACU
2	早期教育Ⅱ（幼稚部）	ACU
3	自立活動Ⅰ（発音・発語、言語・聴覚活用等）	ACU
4	自立活動Ⅱ（障がい認識、言語・コミュニケーション等）	ACU
5	教科教育Ⅰ（文系）	ACU
6	教科教育Ⅱ（理系）	ACU
7	教科教育Ⅲ（実技系）	ACU
8	重複障がい教育	ACU
9	キャリア教育	ACU
10	寄宿舎教育	ACU
11	ICT	ACU
12	小・中・高等学校等との連携・地域支援	ACU
13	総合的諸問題	ACU

10　大会日程

	時程	日程	会場
前日 10月3日	13：30〜15：00 15：15〜16：00 16：00〜16：30	・全日本聾教育研究会全理事協議会 ・大会運営委員会 ・授業研究分科会打合せ	・ACU
第1日目 10月4日	（札幌聾学校） 8：20 9：00〜 10：00〜 11：00〜13：00	・受付 ・公開授業 ・指定授業 （会場移動）	（高等聾学校） 8：20〜　　・受付 8：50〜9：40　・公開授業 9：50〜　　・指定授業 10：40　　　・（高・寄） 11：00〜　　・授業研究分科会 12：30 12：30〜　　　（会場移動） 15：00	・高等聾学校及び 　札幌聾学校 ・ACU
	（ACU） 13:00〜14:30 15：00〜15：30 15：30〜17：00 17：15〜17：30	・（乳・幼・小 　低・小高・中） 　授業研究分科 　会 ・開会式 ・記念講演 ・研究協議分科会打合せ		
第2日目 10月5日	9：00〜 9：30〜16：00 （休憩12：00〜13：30） 16：00〜	・受付 ・研究協議分科会 ・閉会式	・ACU

11　記念講演

　　講師　松本末男氏（筑波大学教授）

　　演題　「これからの聴覚障がい教育に望むこと（仮題）」

12　大会参加費用　会員　2,000円　会員外　3,500円　　学生　2,000円

13　大会参加の申込み等

項目	申込み・提出先	締切日
大会参加・研究発表等の申込み	全日聾研（北海道大会）事務局（北海道高等聾学校） ※専用のWebフォームから申込み・提出をして いただきます。	平成30年6月8日㊎
研究発表原稿提出		平成30年7月27日㊎

14　Webページアドレス

https://zennichiro.jp　　（参加申込等もこのアドレスです）

15　大会事務局及び連絡先

第52回全日本聾教育研究大会（北海道大会）事務局 〒047-0261　小樽市銭函1丁目5番1号（北海道高等聾学校） 電話　0134-62-2624　ファックス　0134-62-2663 電子メール　zennichiro@hokkaido-c.ed.jp 大会実行委員長　北海道高等聾学校長　佐藤　靖典　　　大会事務局長　教諭　桑原　一哲

―――― 日本リハビリテーション連携科学学会　第19回大会実施要領 ――――

＜大会テーマ＞
　インクルーシブ教育システムの構築に際して，教育，医療，保健，福祉，労働等との切れ目のない有機的な連携の在り方について考える。

会　　期：2018(平成30)年3月3日(土)～3月4日(日)
会　　場：独立行政法人国立特別支援教育総合研究所（〒239－8585　神奈川県横須賀市野比5－1－1）
大 会 長：原田　公人（国立特別支援教育総合研究所　上席総括研究員）
主　　催：日本リハビリテーション連携科学学会
共　　催：独立行政法人　国立特別支援教育総合研究所
参 加 費：一般当日　6,000円（一般事前申込み前納　5,000円）
　　　　　　学生当日　3,000円（学生事前申込み前納　2,000円）
　　　　　　一般（当事者の方）3,000円　介助の方は無料
懇 親 会：2018（平成30）年3月3日(土)　18：30～20：30　参加費　6,000円
お問い合わせ：第19回大会事務局（独立行政法人国立特別支援教育総合研究所）
　　　　　　v-reha-renkei19@nise.go.jp　TEL 046-839-6803　FAX 046-839-6919
　　　　　　http://www.reha-renkei.org/

編集後記（冬号）

　平成29年9月，独立行政法人国立特別支援教育総合研究所聴覚障害教育研究班から「特別支援学校（聴覚障害）におけるキャリア教育実態調査報告書」が発刊されました。報告書の中では，キャリア教育の充実強化は，特別支援学校（聴覚障害）の解決すべき課題の一つであり，キャリア教育の現状と課題を明らかにするとしてアンケート調査を実施したとあります。この調査結果から，ほとんどの特別支援学校（聴覚障害）が，キャリア教育を教育課程に位置づけ計画的に実施していることがわかりました。
　筑波大学附属聴覚特別支援学校では，平成28年より，全国にある特別支援学校（聴覚障害）の生徒や保護者を対象に「将来を考える」をテーマに出張授業を行っています。これまで，石川県立ろう学校，沖縄県立沖縄ろう学校，富山県立高岡聴覚総合支援学校を訪問させていただきました。
　全国の特別支援学校（聴覚障害）において，キャリア教育の内容が充実し，その教育効果が卒業する生徒の就労へと結びつくことは，保護者はもちろんのこと，すべての教職員の願いでもあります。そのためにも各校の取組の状況を共有することがますます重要になると考えています。

聴覚障害　第72巻　　冬号　通巻772号
年4回発行（季刊）

　2018年2月7日　印刷
　2018年2月19日　発行

編集代表　　原島　恒夫
編集人　　　伊藤　僚幸
編　集　〒272-8560　千葉県市川市国府台2－2－1
　　　　筑波大学附属聴覚特別支援学校
　　　　「聴覚障害」編集委員会
　　　　TEL　047－371－4422
　　　　FAX　047－372－6908

発行人　　　加藤　勝博
発行所　〒101-0054　株式会社ジアース教育新社
　　　　東京都千代田区神田錦町1－23
　　　　宗保第2ビル
　　　　TEL　03－5282－7183
　　　　FAX　03－5282－7892
　　　　（http://www.kyoikushinsha.co.jp/）

印刷所　　東京　株式会社　創新社
Printed in Japan
ISBN 978-4-86371-421-2　　　　本体 800円＋税

2018年度春号（Vol.73　第773号）予告
2018年5月28日発行予定

■**特集**　算数・数学教育
　広島県立広島南特別支援学校
　秋田県立聴覚支援学校
　筑波大学附属聴覚特別支援学校
　愛知県立豊橋聾学校
　福島県立聴覚支援学校
　東京都立中央ろう学校

■巻頭言　…　庄司美千代（文部科学省特別支援教育調査官）
■学校紹介　……………………………　大分県立聾学校
■聴覚障害教育の専門性を語る　………　佐藤　忠道
■教育実践に役立つ専門性の基礎・基本　…　江口　朋子
■「ろう教育人物伝」　……………………　坂井美恵子
■「教えて！佐和先生」　…………………　齋藤　佐和
■教育実践経験に学ぶ　……………………　手塚　清

第52回 全日本聾教育研究大会
北海道大会

言語活動の充実と確かな学力の育成を目指して
～聴覚障がい教育の専門性の継続的発展と多様化への対応～

平成30年 10月4日(木) 5日(金)

《会場》

北海道高等聾学校 高等部授業公開　寄宿舎公開
北海道小樽市銭函1丁目5-1

北海道札幌聾学校 乳幼児相談室活動公開　幼稚部・小学部・中学部授業公開
北海道札幌市北区北26条西12丁目

会議・研修施設ACU(アキュ) 全体会　研究協議
(ACU-A) 北海道札幌市中央区北4条西5丁目アスティ45 12F 16F
(ACU-Y) 北海道札幌市中央区北4条西4丁目読売北海道ビル3F

J.A.E.R.D
Japanese Association of Educational Research for the Deaf
全日本聾教育研究会

● 主　催
全日本聾教育研究会　北海道聴覚障害教育研究会

● 主管校
北海道高等聾学校

● 協力校
北海道札幌聾学校　北海道室蘭聾学校　北海道函館聾学校　北海道旭川聾学校　北海道帯広聾学校　北海道釧路鶴野支援学校

● 後　援(予定)
文部科学省　北海道教育委員会　札幌市教育委員会　小樽市教育委員会　全国聾学校長会　全国聾学校教頭会　全国特別支援学校長会
北海道聾学校長会　北海道聾学校教頭会　北海道特別支援学校長会　全国ろう学校PTA連合会　聴覚障害者教育福祉協会
全国公立学校難聴・言語障害教育研究協議会　日本教育公務員弘済会北海道支部　社会福祉法人全国心身障害児福祉財団　小川再治研究協賛会

第52回 全日本聾教育研究大会(北海道大会)事務局　〒047-0261 北海道小樽市銭函1丁目5-1(北海道高等聾学校内)　電話 0134-62-2624　ファックス 0134-62-2663　電子メールアドレス zennichiro@hokkaido-c.ed.jp

聴覚障害教育に携わる方に読んでほしい本

自 然 法
―聾児の言語指導法―
NATURAL LANGUAGE FOR DEAF CHILDREN

ミルドレッド・A・グロート 著
岡 辰夫 訳
齋藤佐和 監修

聴覚障害教育研究・実践の座右の一冊として。アメリカで1958年に初版が刊行され、アメリカの聾教育教員養成諸機関で長く読み継がれてきた『NATURAL LANGUAGE FOR DEAF CHILDREN』の翻訳本が、ついに刊行。

A5判 370頁 2016年10月11日
定価 2,592円（本体2,400円+税）
ISBN978-4-86371-385-7

この本は「聴覚障害教育の専門性のさらなる追究と共有」を主題とした第五〇回全日本聾教育研究大会（附属大会）の記念出版として刊行したものです。

　ここに述べられている言語指導法は、そのまま今日の聾教育に適用できるものであり、特に、自然に指導すればよいとする誤った考え方に厳しく批判しており、また、聴覚障害児に対する言語の重要さ、言語素材に対する考え方といったものについては、今日、なお、充分考えさせられる内容を示唆しており、今日のともすると安易に流れがちになる聾教育に対して厳しい警鐘を鳴らすものと考えるのである。
（訳者まえがきより）

　私達には聾教育の役割の一つである言語指導の専門性を再整理することが改めて求められている。グロートの原書は、そのための考え方の一つを示すものとして、口話法という時代的制約を含みつつも、英語の教育および日本語の教育に、今も多くの示唆を与えてくれるものと思われる。
（監修者まえがきより）

お近くの書店でご注文ください。近くに書店がない場合は

ジアース教育新社

〒101-0054 東京都千代田区神田錦町1-23 宗保第2ビル
TEL 03-5282-7183　　FAX 03-5282-7892
E-mail info@kyoikushinsha.co.jp　http://www.kyoikushinsha.co.jp/

最新刊！

聴覚障害児の発音・発語指導

―できることを、できるところから―

永野　哲郎（岩手県立盛岡聴覚支援学校　指導教諭）

Windows用PCソフト『発音指導プログラム』、発音練習用文字カードなどをCD-ROMに収録！

■B5判　182ページ
オールカラー
CD-ROM 附録
■定価　2,500円＋税
■ISBN 978-4-86371-395-6

聾教育30年のキャリアをもつ著者の指導実践！

　重度聴覚障害児・生徒への発音指導の第一印象は、「むずかしい」ではないでしょうか。発音指導法のすべてを身につけることは理想でしょうけれども、子どもに接している人が、資料片手に「できることを、できるところから」「やれることを、やれるだけやろう!!」でよいと思っています。

　本書は、はじめから順に読まなくても「必要なところから読めること」をコンセプトに作成しました。音節ごとに指導手順をカード型にまとめ、できるだけ平易な文章で記しました（でも、難解なところもあると思います）。読んでいただいた先生、保護者の方々、生徒の皆さんに「やってみよう!!」「必要なところを読んで練習すれば、何とかなるものだ」と思っていただくことを目指しました。

　内容や方法は、聾学校が培ってきた「在来法」と呼ばれる方法が、ベースになっています。その中には、何十年も前に先達によって考えられたものがあります。知っていてよいと思いますが、唯一の方法ではないのです。目的を明確にし、時代や地域、学習する子どもたちにあったものを考案し、実践していくことが大切だと考えています。

（本書序章より抜粋）

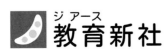

〒101-0054　東京都千代田区神田錦町1-23 宗保第2ビル
TEL 03-5282-7183　　FAX 03-5282-7892
E-mail info@kyoikushinsha.co.jp　http://www.kyoikushinsha.co.jp/

就活・就労のための 手話でわかるビジネスマナー

― 聴覚障害者と聴者のコミュニケーション ―

著：竹村　茂　　絵：たかね　きゃら

◆ A4判変型サイズ　138ページ
定価　本体2,000円 ＋ 税
ISBN 978-4-86371-380-2

いよいよ刊行!!手話でわかるビジネスマナー。

聴覚障害者のためのビジネスマナーと、一緒に働く人とのコミュニケーション。

　聴覚障害者が会社に入って、聴覚障害者以外の人と一緒に働くときに大きな問題になるのは、コミュニケーションです。聴覚障害者と聴者のコミュニケーションがうまくいかない例として、手話と「ろう文化」の問題がよく取り上げられますが、実際には、ビジネスマナーの理解不足がトラブルの原因となる例も多いです。

　本書では、手話を学びながら、聴覚障害者が会社で働くときに必要なビジネスマナーと、聴覚障害者と一緒に働く人に必要な配慮を理解できるようにしました。

（中略）

　聴覚障害者と一緒に働く人には、聴覚障害者の文化と特性の理解が必要です。

（「はじめに」より抜粋）

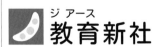

〒101-0054　東京都千代田区神田錦町1-23　宗保第2ビル
TEL 03-5282-7183／FAX 03-5282-7892
E-mail info@kyoikushinsha.co.jp　URL http://www.kyoikushinsha.co.jp/

「耳が聞こえないということ」はどういうことなのか
この社会でどのように生活し、聞こえる人たちと どのように関わっていけばよいのか

―耳が聞こえないということ―

「参加」という2文字のタイトルをつけました

このメッセージを1冊の本にまとめるにあたって「参加」という2文字のタイトルをつけました。

私（筆者）は耳が聞こえません。両耳ともにほとんど聴力がないので会話を聞き取ることはできません。また、自分の声を自分で聞くことができないので、聞こえる人が聞くとわかりにくい発音になります。相手の話を聞く代わりに手話や読唇、筆談などの手段でコミュニケーションをしています。

聞こえないというのはどういうことなのか。

そして、この社会でどのように生活し、聞こえる人たちとどのように関わっていけばよいのかという、私なりにずっと取り組んできた課題について、メッセージを送りたいと思います。

―同等に「参加」できることが「ともに生きる」ことの出発点になります

この本を手に取ってくださった方は、聴覚障害者と何らかの関わりを持っている方が多いと思います。

聴覚障害児教育の場、地域の学校、職場の同僚や上司、聴覚障害者向けのIT技術開発者、社会の最小単位である家族、家庭生活の代わりとなる施設など様々なところに、健聴者と聴覚障害者とが一緒にいる集団があります。ただ一緒にいるだけでは、「ともに生きる」ということにはなりません。一人ひとりがいろいろな立場はあっても同等に「参加」できていることが「ともに生きる」ことの出発点になります。

コミュニケーションが成立しなければ、聴覚障害者はその集団に「参加」することができません。一人ひとりがいろいろな立場はあっても同等に「参加」できていることが「ともに生きる」ことの出発点になります。

（「はじめに」から抜粋）

参加
―耳が聞こえないということ―

平川 美穂子 著

ジアース教育新社

● 著　平川 美穂子
● 判型：Ａ５判　178ページ　●定価：本体2,100円＋税
● ISBN978-4-86371-365-9

● 第1章では、聞こえないということの概要をまとめてみました。

● 第2章では、私が受けてきた教育を振り返って、聞こえない子どもが伸び伸びと成長していくためにどのような配慮が望まれるかを考えました。

● 第3章では、仕事をしてきた経験から、聴覚障害者が職場に参加することの困難さを振り返りました。

● 第4章では、ＩＣＴ（Information and Communication Technology「情報通信技術」）の発展によって願望が現実のものになったことや今後への期待を込めてみました。

● 第5章では、ライフサイクルの終わりに目を留めて、いずれやってくる人生の終わりに、ろう者ならではのコミュニケーションの課題を考えてみました。

ジアース 教育新社

〒101-0054 東京都千代田区神田錦町1-23 宗保第2ビル
ＴＥＬ 03-5282-7183／FAX 03-5282-7892
E-mail info@kyoikushinsha.co.jp　URL http://www.kyoikushinsha.co.jp/

聴覚障害児の話しことばを育てる

「発音・発語」学習の今、明瞭性だけにとらわれない授業

Practical Considerations on Speech Learning Activities:
Raising the Spoken Language of Children Wearing Hearing Aids and / or Cochlear Implants.

◆著　板橋 安人
筑波大学附属聴覚特別支援学校　主幹教諭

ジアース教育新社

著　板橋安人　筑波大学附属聴覚特別支援学校　元主幹教諭

Ｂ５判　220ページ　オールカラー　定価2,400円＋税　ISBN 978-4-86371-258-4

◆聴覚障害教育用語　発音記号をカラー印刷

◆特別支援学校（聾学校）の自立活動で聴覚障害児に話す技能（Speach Production）を育成する「発音・発語」学習の指導歴30年の著者が「聾の子どもに話すことをよりよく教えられる」「その目標を達成するために最もよい方法は何か？」を探究した。

ジアース教育新社

〒101-0054　東京都千代田区神田錦町1-23 宗保第2ビル
電　話　03－5282－7183／FAX　03－5282－7892
E-mail：info@kyoikushinsha.co.jp
URL http://www.kyoikushinsha.co.jp/

企画・編集・デザイン・写真
印刷・製本

広い視野で果敢に挑戦

■商業印刷物■ カタログ／ポスター／パンフレット／包装紙 など
■出版印刷物■ 会報／単行本／社史／論文集／各種テキスト など

株式会社 **創新社**

東京都千代田区岩本町1－13－5
TEL 03-5825-7570 (代)　FAX 03-5825-7579
E-mail info@soshinsha.main.jp
URL 社労広報-創新社.jp

「ねぇ、先生の声届いてる？」

先生の授業内容や会話を生徒達へ届けるには、生徒達の聴こえと補聴器の状態を確認しておくことが大切です。私たちダイアテックカンパニーは、生徒達の補聴器のフィッティング・カウンセリングに多様なソリューションを提供しています。

大切な生徒さんの聴こえチェックに

Interacoustics AD629
スタンドアローン／PCベース
ハイブリッド型オージオメータ

- 気・骨導／語音／音場検査
- インサートホン対応
- スタンドアローンまたはPCベース選択可
- NOAHデータベース対応

医療機器認証番号：221AABZX00177000

大切な生徒さんの補聴器チェックに

Interacoustics Affinity アフィニティー
補聴器フィッティング
サポートシステム（PCベース型）

- 気・骨導／語音／音場検査
- 実耳測定（REM）
- ビジブルスピーチマッピング
- 補聴器特性測定（HIT）
- インサートホン対応
- NOAHデータベース対応

医療機器認証番号：221AABZX00177000

MedRx AVANT HIT+ アバントHIT+
省スペース型／PCベース
補聴器特性測定装置

- USB電源
- NOAHデータベース対応
- 測定項目の選択・自動測定
- 小型ポータブル（約24×25×16cm）

【製造販売元】
ダイアテックカンパニー
〒212-0013　神奈川県川崎市幸区堀川町 580番地　ソリッドスクエア西館 16 階
TEL. 044-543-0630　FAX. 044-543-0631
Email : info@diatecjapan.com

DiaTec Diagnostic Solutions & Technologies

ダイアテックカンパニー　検索

www.diatec-diagnostics.jp